ほめるのをやめよう

リーダーシップの誤解

岸見一郎

日経BP

はじめに――「民主的なリーダーシップ」とは何か

もしもリーダーが部下を指導していることを特に意識しておらず、部下のほうも、リーダーに指導されているとは意識しないで自然に従っているのであれば、リーダーシップが問題になることはないでしょう。

しかし、それが必ずしもリーダーと部下との関係が良好であるということを意味しないことがあります。従来通用していたリーダーシップについての常識が通用しないということに、リーダーも部下も気づいていないだけかもしれないからです。

リーダーとしての自信に満ち溢れ、部下は皆自分を慕い、嬉々として自分に従ってくれていると思う人も、自分のリーダーシップに何か問題があるとは思っていないでしょう。もっとも、問題があると思っていないのはリーダーだけかもしれないのですが。

自分がリーダーであることに自信がない人は、部下からもリーダーシップに不満が表明されるというようなことがあれば、たちまち心が折れてしまいます。

それぞれのケースについて考えてみましょう。

まず、リーダーも部下もリーダーシップについて意識することがない職場においては、リーダーシップとは何か、組織の中でリーダーとしていかにふるまうべきかというようなことは問題にならないでしょう。

例えば、今はパワハラが問題になっているので、部下を指導するためには叱ればいいと無邪気にいう人はさすがに少なくなりましたが、それでも未だに自分が若かった時には上司から叱られたおかげで伸びたという人がいるのも本当です。かつては常識だった考え方がもはや通用しないことを、リーダーも部下も意識しなければ現状が変わるはずはありません。

二つ目のケースでは、今の例に即していえば、部下は上司のパワハラとしかいえないリーダーシップを疑問に思っているのに、上司は何とも思っていません。たとえ、部下から公然と反発されても、上司は嫌われる勇気が必要だなどと嘯《うそぶ》きます。

しかし、リーダーシップはリーダーと部下との対人関係として成立するのですから、部下から反発され、部下の協力が得られなければ、組織は機能しないことになりますし、そうであれば、カリスマリーダーであると自分の優越性を誇示しても、リーダーとしては不適格だといわなければなりません。

強気な人はこのように部下から支持されていなくても意に介さないかもしれませんが、それでは、リーダーであることに自信がない人はリーダーとして不適格なのかといえば、そうではありません。このようなリーダーは慢心していないので、組織のあり方が現状のままでいいとは思っていません。

新しくリーダーになる人が、自分が部下として働いていた時のリーダーのやり方をそのまま踏襲すればリーダーの役割が果たせるわけではありません。従来通用していた常識や理論ではもはや処理できない新しい問題があることを知っているのであれば、最初からリーダーとしての自信がないのは当然なのです。

その上、自分が部下を率いるのだという勇ましいリーダーではないので、組織を変えていくためには、部下よりも、まず自分が何をしていけるかを考え、その上で、部下に援助を求められる人こそ、リーダーにふさわしいといえます。

本書で私が提示するのは、一言でいえば、民主的なリーダーシップです。その意味は詳しくは本文で述べますが、今、基本的なことだけをいうならば、リーダーと部下は「対等」であり、リーダーは「力」で部下を率いるのではなく「言葉」によって協力関係を築くことを目指します。

リーダーシップについて考える時には、リーダーの資質について考えるだけでは十分ではありません。先にいったように、リーダーシップはリーダーと部下との対人関係として成立するのですから、天才であったりカリスマであったりすることは必要ではなく、むしろ民主的なリーダーシップには妨げになるといっていいくらいです。

リーダーとして必要なことは次の三点です。

まず、リーダーは教育者でなければなりません。部下の成績が伸びなかったり、失敗ばかり繰り返したりするようであれば、リーダーの教育方法に問題があると考えなければならないということです。

次に、仕事である以上、部下は結果を出さなければなりませんが、上司は部下を一人の人間として尊敬し信頼しなければなりません。

第三に、リーダーは部下の仕事に責任を持たなければなりません。部下が仕事で失敗したとしても、その責任を取るのは上司であるということです。上司と部下との関係は対等ですが、部下が仕事で失敗した時に限らず、上司が取らなければならない責任の量は部下よりもはるかに大きいのです。

率直にいって、民主的なリーダーになるためには時間と手間暇がかかります。しかし、努力は必ず報われます。

本書は私にとってリーダーシップをテーマにした初めての著書です。オーナー経営者向けの雑誌である「日経トップリーダー」に連載していた記事がもとになっています。

本書は三部に分かれています。

第一部は、「日経トップリーダー」の連載「リーダーシップの誤解」をまとめました。

第一部は三章から構成され、第一章では、リーダーシップについて、対人関係の観点から考えました。「悪い」リーダーは存在しません。部下との対人関係をどう築けばいいか知らない「下手な」リーダーがいるだけだと私は考えています。

第二章では、リーダーになること、また、現にリーダーであることに自信がなく、自分はリーダーに向いていないと思う人は、そう思うことで積極的にリーダーの仕事に取り組もうとはしていないということを明らかにします。その上で、どうすればいいかを考えます。

第三章は、新型コロナウイルスの感染というような前例を参照できない未曽有の事態にある時に、どうすれば決断する勇気を持てるか考えます。

第二部は、この連載を受けて読者である経営者に向けて行った講演です。紙幅の関係で連載記事には書き切れなかったことも講演の中で言及しています。

リーダーシップについての理論をどう実践に繫げていくかをより具体的に理解するために、親としてまた教育者としての私の実践経験にも触れながら話しました。

第三部には講演の後行われた参加者との質疑応答が収められています。哲学を長年学んできた私にとって、哲学者のモデルはアテナイで青年たちと対話をしていたソクラテスでした。

この日、連載記事をきちんと読んでこられた方々と長時間にわたって対話できたことは、私にとって心躍る経験でした。

ここでなぜ、私がリーダーシップについて書こうと思ったかということについて少し説明しておきます。

本書で対人関係を主眼に置いたアドラー心理学への言及が多いのは、私の理解では、リーダーシップは、対人関係全般について学ぶ必要があるからです。職場での対人関係だけが特別なのではありません。職場では部下から尊敬されているリーダーが、家庭では家族から疎まれているというようなことは本来ありえないのです。対人関係について他のどの心理学よりも具体的に明らかにするアドラー心理学を学んできた私が、リーダーシップに関心を持たないはずはないのです。

リーダーシップについての関心は、哲学を学び始めた若い頃からずっとありました。先に言及したソクラテスの弟子であるプラトンの哲学を長年学んできたからです。

プラトンは、多くのアテナイの青年と同様、家柄がよく、素質にも恵まれていたので、政治家になるつもりでいましたが、ソクラテスが不当に逮捕され、処刑されたことに衝撃を受けました。

しかし、プラトンは政治に失望することなく、むしろ、政治的権力と哲学的精神が一体化しなければ、国家にも人類にも災いの止むことはないという哲人王の思想に到達しました。

哲学の基本は疑うことにあります。ちょうどプラトンが何の問題もなく政治家になったのではなく、政治家であるとはどういうことなのかを省察したように、自分ははたしてリーダーとして適格なのか、よきリーダーであるためにはどうすればいいかを考え抜くことが必要なのです。

本書の元になった連載は、どのようにリーダーシップを発揮すればいいか悩んでいる経営者に向け、「従来型」ではない望ましいリーダーの姿を示してほしいという依頼を受けて始めましたが、今述べたような事情から書きたいことは山とありました。半年で終了予定だった連載が今も続いているのはこのようなわけがあります。

全体を通して、リーダーである自分を受け入れ、問題が起きてもどういう道筋で考え抜くかの手掛かりになれば幸いです。

第2章 リーダーになること、あるいは自信を持ってリーダーの仕事をすることに、いわばブレーキをかけるリーダー側の心の問題

第3章 混迷の時代に、リーダーにできること、するべきこと、してはいけないこと

第2部

リーダーシップについての個人的な体験

課題の分離／自分に価値があると思える時にだけ、勇気が持てる／叱ることの弊害／ほめることの弊害／承認欲求／競争について／嫌われる勇気とは

第3部

リーダーシップについてのダイアローグ

よりよきリーダーたろうとする企業人との対話

第1部

リーダーシップについてのモノローグ

第1部は、月刊経営誌「日経トップリーダー」に二〇一八年三月号から寄稿を続けた連載をまとめました。3つのテーマに分かれています。

第1章

リーダーは組織の中でどうあるべきか、何をしなければならないか、あるいは、何をしてはいけないか

第１講

カリスマはいらない

この第1章においては、リーダーが組織の中でどうあるべきか、何をしなければならないか、あるいは、何をしてはいけないかを考えてみます。従前のリーダー像とは違った考えを提示することになるかもしれませんが、進取の気性に富む人にとっては当たり前のことかもしれません。

　ある中学生が医師にこんな質問をしました。

「医師が看護師や検査技師のような裏方と一緒に仕事をしていくことの重要性は何ですか」

　医師はこう答えました。

「看護師や技師は『裏方』ではないというところが重要だね」

　今はそれぞれの専門医療従事者がチームとして治療やケアを行っているので、他の医療従事者は決して裏方ではないのです。それにチーム医療というような言葉を使わないこれまでの医療現場であっても、医師が一人で治療することはできませんから、スタッフの協力は必要不可欠です。

　医療チームでも会社組織でも、リーダーは役割名であり、上司と部下は対等ですが、職責は違い、リーダーは教育者であることが求められます。

　ところが、この教育は時間と手間暇がかかるので、上司はもどかしい思いがすることがあります。

　ある出版社の話です。

　上司は部下が書く原稿が気に入らないと、自分で書き直すというのです。「そうしないと締切に間に合わないから」というのですが、上司が書き直してしまうと、完全な原稿にはなっても、部下は何も学べません。

どんな仕事でも部下に任せることにはリスクが伴いますが、部下を信頼しなければなりません。その上、部下が失敗したら、その責任は上司が取らなければならないのです。

アンフェアだと思う人がいるかもしれませんが、そもそも部下が失敗するのは上司の指導が適切ではないからです。部下の資質に問題があると思いたい人はいるでしょうが、リーダーはそう思ってはいけないのです。

私が十年前に冠動脈のバイパス手術を受けた時、執刀医は三人いましたが、その中で一番若い医師が主治医でした。今は若い人がリーダーになることはどんな組織でもあることです。

そのような若いリーダーは有能でしょうが、他の人はリーダーの仕事に協力することが必要です。たとえ有能であっても、経験が十分ではないということはありうるからです。

他方、リーダーは必要な時には援助を求めなければなりません。そうすることを前任者を引き合いに出して批判する人がいたとしても、自分がどう思われるかではなく、組織にとってプラスになることだけを考えなければならないのです。

部下もリーダーに「協力しよう」と思わなければなりません。次講は、部下に「協力したい」と思ってもらえるリーダーになるためにはどうすればいいかを考えてみましょう。

第２講

尊敬は強制できない

どうしたら部下に協力してもらえるリーダーになれるのでしょうか。一言でいえば、尊敬されることです。

問題は、この尊敬は強制できないということです。「私を尊敬しなさい」といってみても、尊敬に値しないと部下に判断された上司は部下から尊敬されることは決してありません。

尊敬されるためには、まず、仕事についての知識が必須です。

ある時、駅の窓口で電車の切符を買い求めました。何度も乗り換えなければならない複雑な経路をいうと駅員は一度で私の指示を理解し、たちまち切符が機械から出てきました。

それを隣で見ていた駅員の若い部下が「すごい」と驚嘆しましたが、上司の駅員はただ一言「仕事だからな」と答えました。

次に、仕事についての知識を部下に教えることができなくてはなりません。

例えば、道をたずねられた時に、自分ではわかっているけれど言葉で説明するのは面倒なので一緒にその場所まで行くというのでは道を知っているとはいえません。道順を言葉で説明できなければ知っているとはいえないのです。

このように考えるとリーダーであるというのは大変なことです。

無能な上司は自分が無能であることを部下に知られたくないので、部下を本来の仕事の場である「第一の戦場」ではなく、「第二の戦場」に連れ出します。

そこで、仕事とは直接関係ないことで部下を理不尽に叱りつけます。時に歯向かってくる部下がいますが、そのような部下を押さえつけることができれば、いよいよ優越感を持ちます。

しかし、そうした優越感は劣等感の裏返しでしかありません。本当に有能な上司は自分が優れていることを誇示しません。

第三に、上司が部下を尊敬しなければなりません。

上司の指導が適切であれば、部下は力を伸ばし、やがて部下が上司を超える日が必ずきます。すると、上司を通り越して、重要なプロジェクトを任されることになります。そういう時には、自分の教育が適切だったと思えばよく、部下を妬むような上司は論外です。

たとえ今は知識も経験も足りず、目覚ましい業績を上げられない部下であっても、若い人のほうが自分よりも知性も感性も優れていると思うことです。部下を尊敬する上司は部下から尊敬されます。

第四に、働き手としてのモデルでなければなりません。上司も当然仕事で失敗します。その時に失敗を隠したり弁解したりしてはいけません。謝罪せず失敗を隠し、発覚すれば部下に責任転嫁をするような上司は尊敬されません。

パソコンを自在に使える若い部下は自分よりも早く仕事ができます。使えないのであれば部下に教わればいいのです。ただ「昔はもっと働いた」といっているようでは駄目なのです。

以上のように部下に接することができる上司は、部下を自分と対等に見ているのです。次講は、部下と対等に接するというのは具体的にどうすることなのかを考えてみます。

第３講

叱るのをやめよう

どうしたら上司は部下と対等に接することができるでしょうか。

まず、部下にぞんざいな言葉遣いをしないことです。上司と部下は対等であることがわかっていない上司は自分が偉いと勘違いしているので、話し方も上から目線になっていることがあります。

部下に敬語を使ってもいいと私は思うのですが、抵抗がある人はせめて部下に何かしてほしいことがあれば命令しないでお願いしましょう。「〜してくれると助かる」とか「〜してくれませんか」というふうにです。

次に、叱らないことです。部下が失敗すると叱る人がいますが、叱るというのは部下を対等に見ていないということです。

部下が失敗しても、叱る必要はありません。同じ失敗をしないために、なぜ失敗したかを叱らないで言葉で説明すればいいだけのことです。

初めから仕事をスムーズにこなせるような部下はいません。仕事をスムーズにこなせないことは部下にとっては劣等感になります。部下を叱るとこの劣等感は強められ、自分は無能である、自分には価値がないと思うようになります。

叱ることの一番の問題は、部下が自分に価値がないと思うことです。直近の失敗を叱るだけでなく、「こんなこともできないのか」と、失敗について指摘するというより人格攻撃をすれば、部下はいよいよ自分に価値があると思えなくなります。

アドラーは「自分に価値があると思える時にだけ、勇気を持てる」といっています。この勇気は、仕事に取り組む勇気です。

「私は上司から叱られたからこそ伸びた、今の自分があるのは私を叱ってくれた上司のおかげ」と、叱ることは必要と主張する人はいます。しかし、そのようにいう人は、もともと力がある人だったので、上司に叱られ勇気をくじかれても仕事を続けられただけであって、同僚の多くは伸ばせたはずの力も伸ばせなかったのです。

仕事に取り組んで思うような成果を収めることができなければ、上司は部下を叱ります。叱られなくても結果を評価されることは自分の実力を思い知らされるので怖いのですが、その上、上司に叱られるといよいよ自分は仕事ができないと思うことになります。

私は大学でギリシア語を教えていました。ある年、学生の一人がギリシア語を日本語に訳そうとしなかったことがありました。「なぜ、訳さないのか」とたずねたところ、「この問題を間違えて、できない学生だとは思われたくなかった」というのです。

私は「どこが理解できていないかがわからなければ教えることはできない。間違えてもできない学生だとは思わない」といいました。すると、次の時間からその学生は失敗を恐れないようになり、ギリシア語が読めるようになりました。

たとえ今は失敗をすることがあっても、部下に可能性を見て取り、部下の力を伸ばすために的確な指導をすれば、部下は上司から対等に見られていると思えます。

次講は、部下と対等に接するために、叱る代わりに何ができるかをさらに考えてみましょう。

第4講

ほめるのをやめよう

部下と対等に接するために、叱る代わりに何ができるかを考えてみましょう。

私が叱るのをやめようという話をすると、必ず、それではほめてもいいのかとたずねられます。

ほめることには二つの問題があります。

一つは、対等な関係ではほめることはできないということです。

親のカウンセリングに同行してきた小さな子どもがカウンセリングの間、静かに過ごせたら、親は「偉かったね」とほめますが、夫のカウンセリングに同行してきた妻に「偉かったね」とほめないでしょう。大人は子どもを対等とは見ていないからほめるのです。

もう一つは、ほめられると自分に価値があるとは思えなくなるということです。

親は子どもがおとなしく待てないと思っていたので、思いがけず待てた時、子どもをほめるのです。他方、カウンセリングに同行してきた妻をほめないのは、当然待てることを知っているからほめないのです。もしも夫が妻をほめたら、ほめられた妻は馬鹿にされたと思うでしょう。

それでは、仕事で評価することはどうなのかとたずねられることがあります。仕事においては、評価しなければなりません。しかし、それはあくまで評価であって、ほめることではありません。

大学でギリシア語を教えていた時、教師である私は学生を評価しなければなりませんでした。学生の訳が正しければ正しいと、間違ったら間違っているといいました。これは評価であり、正答した学生をほめるわけではありません。間違えた学生には間違いであることを指摘しますが、叱るわけではありません。

学生が間違えた時もほめなければならないと教師が思って、学生の評価に手心を加えたり手加減したりするのはおかしいでしょう。間違いを教師に指摘され落ち込む学生はいるかもしれませんが、学生は次回間違うことがないように勉強すればいいだけのことです。

仕事の場面で部下をほめると、取ってつけたようなおだてだと思うでしょう。

失敗が目立ち、成績がよくない部下に対して、「評価に手心を加えれば意欲的に仕事に取り組むだろう」と考えて部下をほめると、自分が対等に見られていないと思うでしょう。

自分でも思うような結果を出せなかったことを知っているのですから、叱ることで追い打ちをかけなくてもいいですし、失敗したことによる痛手を上司が和らげようとしなくてもいいのです。

このような時、ほめてくれた上司を「優しい」と思うというより、「自力では失敗を挽回できないと思われている」と考え、いよいよ自分に価値があるとは思えなくなるでしょう。

上司はただ評価をすればいいのです。公平に評価されたら、たとえよくない評価であっても、部下はよりよい結果を出す努力をするでしょう。

叱ってもいけない、ほめてもいけないのなら、リーダーはどうすればいいのでしょうか。さらに考えてみましょう。

第5講

部下を勇気づけよう

アドラーが「自分に価値があると思える時にだけ、勇気を持てる」といっていることは先に見ました。この勇気は、仕事に取り組む勇気です。

一生懸命仕事に取り組もうとしない部下がいます。そのような部下を励ますつもりで「君には力があるのだから頑張れ」といえば、いよいよ頑張らなくなります。頑張ればいい結果を出せるという「可能性」の中に生きることを選ぶからです。そのような人は自分には価値(能力)がないことを仕事に取り組まない理由にします。

多くの場合、仕事の実質的な中身は対人関係ですが、人と関わると必ず何らかの摩擦が生じます。

自信がある人は人と関わることを恐れませんが、そうでない人は傷つくことを恐れ、対人関係を避けようとします。この場合、そうするために自分には価値がないと思おうとします。

上司の仕事はそのような部下に、自分に価値があると思え、仕事に取り組む勇気を持てるように援助をすることです。

具体的には、部下に折に触れて「ありがとう」といいましょう。そのようにいわれ貢献感を持てた部下は自分に価値があると思え、仕事に取り組む勇気を持つことができるからです。

このように課題に立ち向かっていく勇気を持てる援助をすることを、アドラーは「勇気づけ」といっています。

ところが「ありがとう」とはいえないという人がいます。部下が仕事に意欲的に取り組まず、失敗ばかりしているというのです。

そのような部下に対しても「ありがとう」と声をかけるためには、部下に対する見方を根本的に変える必要があります。

上司は、部下に何か問題が起これればその問題に注目し、それを除去しようとします。そこで、行動を改めさせようと叱責します。しかし、問題というのはいわば闇のようなものですから、物のように取り除くことはできないのです。

それではどうすればいいのか。光を当てればいいのです。光を当てれば闇は消えます。勇気づけは光を当てることです。

これは部下の行動ではなくその存在に注目し、存在を承認するということです。具体的には、出社してきた部下に「今日もありがとう」ということです。仕事に自信が持てず、「今日は出社したくない」と思っても、一大決心をして部下が出社してくればありがたいことです。

実際、出社して仕事をしてくれれば助かります。そのことを当たり前のことだとは思わず、きちんと言葉で伝えましょう。退社する時は「今日も一日ありがとう」というのです。

このような対応をされた部下は「今はまだまだ力が足りないけれど、頑張ろう」という気持ちになるはずです。

部下の勇気づけを実践することは容易ではありません。どんなことに留意しなければいけないか、さらに考えてみましょう。

第6講

貢献についての思い違い

部下を勇気づける、具体的には「ありがとう」「助かった」という声をかけるのは、部下が貢献感を持つことで自分に価値があると思え、仕事に取り組む勇気を持てる援助をするためです。

しかし、本来の目的を理解しないで、部下を自分の思う通りに操作したい人は多いのです。

貢献についての二つの誤解を解かなければなりません。

一つは、貢献に対しては他者からの承認は必要ではないということです。

ところが、「ありがとう」といわれるために働く人が出てきます。そのような人は、勇気づけのつもりであっても、「ありがとう」という言葉をほめ言葉だと受け取ってしまいます。

そのため、上司はそのような部下に絶えず言葉をかけなければならないことになります。上司は部下が自分の判断で仕事ができるようになるところまで指導しなければなりません。

それなのに、いつも上司の指示を仰ぐばかりか、承認されなければ仕事をしない部下では困るのです。どうすればいいでしょうか。

ある小学校の先生が廊下を歩いている時に、廊下に落ちているゴミを拾ってゴミ箱に捨てている生徒を見かけました。

これは「ありがとう」と声をかけていい場面ですが、その場では何もいわず放課後、生徒たちを前にこういいました。

「今日、廊下を歩いていたら、あるお友だちが廊下に落ちているゴミをゴミ箱に捨てているのを見ました。思わず『ありがとう』といおうと思ったのですが、よく考えたら誰もいないところでもゴミを拾ってゴミ箱に入れてくれているのは、そのお友だちだけではないことに気づきました。だから今日は、誰もいないところでも、いつもゴミを拾ってゴミ箱に入れてくれている皆に『ありがとう』といいたいと思います。どうもありがとう」

この話のポイントは、まずゴミを拾った子どもの名前をいわないということです。

名前をいうと「ありがとう」といわれたいために、ゴミを拾うようになります。本来「ありがとう」といわれなくても、貢献感を持てなければならないのです。

次に、貢献は自己犠牲ではないということです。

人の役に立つことをしなければならないとわかっていても、それを犠牲的な行為と思っている限り、仕事は楽しくはありません。

部下が喜んで仕事に取り組むようになるためには上司がモデルにならなければなりません。上司が楽しそうに取り組んでいる様子を部下が見ることが大切なのです。

ここまでのところで、部下を叱らず、ほめず、勇気づけるためにどうすればいいか、またその際注意するべき点を見てきましたが、上司の部下への働きかけの仕方が適切であっても、対人関係がよくなければ、部下の力は伸びません。

次講は、上司と部下の関係がよいといえるために必要な条件として、尊敬と信頼について考えてみましょう。

第7講

部下を尊敬、信頼しよう

上司と部下の関係をよくするために、どんな条件を満たしていればよいのか考えてみましょう。

ドイツの社会心理学者であるフロムは、人のありのままの姿を見て、その人が唯一無二の存在、他の誰かに代えることができない存在であることを知る能力が「尊敬」であるといっています（『愛するということ』）。

もしも部下が失敗を重ねたり、成績を伸ばせなかったりすれば、上司の指導方法に問題があるのですが、それだけではありません。部下が仕事に取り組む勇気を持てる援助ができていないということです。

それができるためには、「あるべき」部下ではなく、（現に）「ある」部下、ありのままの部下を認めるところから始めるしかありません。部下の行動ではなく、存在に注目し、存在を承認することを私は「存在承認」と呼んでいますが、これはフロムのいう意味で「尊敬」するということです。

さらに、フロムは、尊敬は相手がその人らしく成長発展していくように気遣うことであるといっています。入社してきた人を会社に適応させるのではなく、若い人が成長していく援助をするということです。

若い人は同じリクルートスーツに身を固め、自分を即戦力のある人材として売り込もうとするかもしれませんが、「唯一無二の存在、他の誰かに代えることができない存在」としての新人を採用しなければなりません。

以上のような意味で部下を尊敬してこそ初めて、会社も発展していくのです。若い人の感性、知性のほうが間違いなく優れています。若い人の才能を活かさない手はありません。

よい関係といえるもう一つの条件は、「信頼」です。

ここでいう信頼は無条件です。信じられる根拠がある時にだけ信じるのではなく、条件をつけないで信じる、あるいは、あえて信じる根拠がない時に信じるということです。

何を信頼するかといえば二つあります。

一つは、課題を自分で解決する力があるということです。部下が自分の課題をやり遂げられるとは信じられない上司は、部下のすることに手出し口出しをします。

実際のところ、失敗するかもしれませんが、できないと思われていることを知った部下は仕事に取り組む勇気をくじかれます。

まして、部下が失敗することを恐れて仕事を取り上げてはいけません。

このようなことをする上司は部下が失敗した時に責任を取りたくないのです。自己保身のことしか考えていないということです。

もう一つは、言動にはよい意図があると信じることです。進取の気性に富む若い人は上司に面と向かって異論を唱えることがありますが、上司を軽視しているからではなく、仕事や会社のことを真剣に考えているからだと、よい意図を信じなければなりません。

次講は、さらに、よい関係であるための条件である協力作業と目標の一致について考えます。

第８講

競争のない職場

本講では、上司と部下がよい関係であるための条件として、協力作業と目標について考えてみます。

先に、叱ることとほめることの問題について考えました。叱られたり、ほめられたりした部下は自分に価値があるとは思えなくなり、そうなると仕事に取り組む勇気を持てなくなります。

何より、叱ることとほめることの問題は、競争関係を生むということです。部下に競争させることで生産性を向上させようとするのは、今や時代遅れです。競争に負けた人は、次は勝とうと頑張るかといえばそんなことはありません。ただ勇気をくじかれるだけです。

競争に勝った人も次は負けるかもしれないと、いつも戦々恐々としています。競争は人間の精神的な健康をもっとも損ねる要因なのです。

競争の弊害は個人だけでなく、組織全体に及びます。競争すれば、勝つ人がいる一方で負ける人もいる。全体として見ればプラスマイナスゼロになります。

上司が部下に昇進などをほのめかしてほめようものなら、ほめられたい部下はたちまち上司の家来や子分になります。

ほめる上司はそのようにして自分の勢力を拡大しますが、部下のほうは会社のことを考えるというよりは、自分の利害だけを考えるようになります。

そこで、上司が不正を働くというようなことがあれば、部下は上司を守ろうとします。その不正が発覚した時、会社が社会的信用を失うのはいうまでもありません。

他方、上司がいつも叱っていると、叱られないことだけを考えるようになります。失敗しても上司に報告しないで隠すようになります。この場合も、隠蔽が発覚すれば会社の信用は失われます。

叱られることなくほめられたい部下は、会社のことは考えず、自分のことだけを考えているのです。このような部下も、部下をそのようにした上司も、会社にとって有害以外の何物でもありません。

上司は職場の中にある競争関係を根絶しなければなりません。そのためには、各人が対等な存在として協力し合い、全体としてプラスを目指さなければなりません。具体的には、既に見たように貢献に注目し、協力に対して「ありがとう」ということです。

また、上司と部下も協力する関係にならなければなりません。上司は部下より知識も経験もありますが、一方的に指示するのではなく、時に部下に意見を求めてもいいということです。どうしていいかわからない時は率直に「わからない」といわなければなりません。

尊敬、信頼、協力作業がうまくいっていても、目標の一致ができていなければよい対人関係は築かれませんし、たちまち仕事は行き詰まります。職場全体の、あるいは部署の達成しようとする目標が明確であればこそ、力を尽くして頑張れます。

しかし、この目標は仕事の目標のことだけではありません。人は働くためにだけ生きているのではないからです。

次講は、働くことも含めて、生きることの目標が何かを明らかにしてみます。

第9講

幸福であるために働く

いつか五月の連休を待たずに会社を辞めた若い人に、なぜ辞めたのかと聞くと、先輩や上司が少しも幸せそうには見えなかったからという答えが返ってきました。

先輩や上司が幸福に見えないからといって、自分も幸福になれないわけではないので、その会社で働きたくないことの口実にしたといえないわけではありません。

若い部下から「人は何のために働くのか」と問われた時に答えることができるでしょうか。

職場は仕事をするところなので、そのような問いは、仕事には何の関係もないことだと突っぱねることはできます。

たしかに、簡単に答えられるような問題ではありませんが、その問いが仕事に無関係と言い切れるかは自明ではありませんし、たずねたのに真剣に取り合ってもらえなければ、部下は答えをはぐらかされたと思うかもしれません。

その問いに対して「実は私もわからないのだ」と答えることも可能です。共に考えるという姿勢を見せることが大切なのです。

部下が実際にこのような質問をしてこなくても、自分自身の問題として、何のために働いているのかを考えなければなりません。

いつか、企業研修で講演をしたことがありました。それまであまり熱心に私の話を聞いているようには見えなかった人たちが、突然身を乗り出して聞き始めました。「人は働くために生きているのではなく、生きるために働いているのだ」という話をした時でした。

働かなければ生きていくことができないというのは本当です。しかし、働くために生きているのではないことも本当です。自分から仕事を除いたら何も残らないというような人がいれば、その人の働き方には改善の余地があります。

働くことも生きることなのですから、「何のために働くのか」という問いへの答えは、「何のために生きるのか」という問いへの答えと同じでなければなりません。端的にいえば、それは幸福であるためです。

ところが、働いているのに幸福であると感じられないとすれば、働くことの目標を幸福ではなく別のことに求めているからです。

三木清は「幸福が存在に関わるのに反して、成功は過程に関わっている」といっています（『人生論ノート』）。

幸福であるためには、何かを達成しなくてもいいのであり、今ここで生きていることがそのまま幸福で〈ある〉ということです。

他方、成功は過程であるというのは、何かの目標を達成しなければならないということです。

仕事は目標を立て、それを達成することであると考えれば、仕事の目標は成功であると考えられますが、働くことも幸福を目標にしなければなりません。

個々の仕事には達成するべき目標がありますが、働くことそれ自体は幸福を目標とします。なぜ働くかといえば幸福であるためです。

そうだとすれば、何も達成していなくても、働いている今この瞬間に幸福であると感じられていなければならないのです。

次講は、どんな働き方をすれば幸福であると感じられるかを考えてみます。

第10講

貢献感のある働き方

前講で、働くことも生きることなので、「何のために働くのか」という問いへの答えは、「何のために生きるのか」という問いへの答えと同じでなければならないことを見ました。

古代のギリシアやローマの哲学者は、「人は誰もが幸福であることを望む」といっています。幸福は望まなければ望まないでいられるようなものではなく、人間が生まれながらに持っている願望だということです。議論できるのは、どうすれば人は幸福でいられるかということだけです。

働くことも幸福であるためでなければならないはずですが、もしも今、「幸福である」と感じられていないとしたら、それは働き方に改善の余地があるからです。

どんな働き方であれば幸福であると感じられるか。

端的にいえば、「他者に貢献している」と感じられていれば幸福であると感じることができます。

アドラーが次のようにいっています。

「誰かが靴を作る時、自分を他者にとって有用なものにしている。公共に役立っているという感覚を得ることができ、そう感じられる時にだけ劣等感を緩和できる」（『生きる意味を求めて』）。

靴を作る人は、自分が作った靴を買った人にとって「自分を有用なものにしている」のであり、靴を作ることで「公共に役立っているという感覚」を持つことができます。これが「貢献感」です。

貢献感がある時に「劣等感を緩和できる」ということについては説明が必要です。

アドラーは次のようにもいっています。「私に価値があると思えるのは、私の行動が共同体にとって有益である時だけである」（*Adler Speaks*）。

この「価値があると思える」ことの反対が、「自分には価値がない」あるいは「価値が劣っていると感じること」、つまり「劣等感」です。

靴を作る人は、「靴を作る」という行動によって他者にとって有益であることができ、自分が「公共に役立っているという感覚」「貢献感」を持てるので、「劣等感を緩和」でき、自分に価値があると思えるのです。

アドラーは、ここで靴作りを例にして述べている「労働の分業」は、「人間の幸福の主たる支え」であるといい、分業ができるようになったのは、人が協力することを学んだからだといっています（『人生の意味の心理学』）。

協力し、分業するという人とのつながりの中でこそ人は幸福になれるということです。

対人関係の中では何らかの摩擦が起こることを避けることはできません。それでも、「仕事を通じて他者と結びついている」「自分も自分の仕事によって他者に貢献できている」と感じることで、生きる喜びを味わい、幸福であると思えるのです。

このように考えた時、リーダーは何ができるのかといえば、貢献感を持って仕事をするモデルになることです。

第11講

リーダーのあり方について

どんな仕事も、最初は上司が部下に仕事の内容や手順を教えなければなりません。指導が適切であれば、上司がいちいち教えなくても力をつけていくはずであり、そうなると、上司の仕事はそれほど多くはなくなるはずです。

もしも部下がいつも失敗し、成績が上がらないのなら、それは上司の指導に問題があるからで、部下の能力が足りないからではありません。

また、部下がいつも上司の指示を仰ぎ、上司がいつも指示しなければならないようであれば、そのことも上司の指導に問題があるということです。

『イソップ寓話集』にこんな話があります。

自分たちに支配者がいないことを苦にした蛙たちが、ゼウスに王様を授けてくださいと頼みました。

そこで、ゼウスは池に丸太を投げ込みました。蛙たちは、初めこそドブンという水音に驚いて池の深みに身を隠していましたが、丸太が動かずそのうち水面に上がってくると、丸太を馬鹿にし、丸太の上に飛び乗ってすわり込んだりするようになりました。

こんな王では物足りないと、蛙たちは再びゼウスを訪ね、王様を取り替えてほしいと頼みました。

すると、ゼウスは大いに腹を立て、今度は王として水蛇を遣わしました。蛙たちは水蛇に捕まり、次々に食われていきました。

上司にいつも指示を仰ぐ部下は蛙たちと同様、何もしないリーダーを好みません。自分で何をするかを決めなければならないとすれば、その決断の責任を自分で取らなければならないからです。

なぜ部下がこのようになるかといえば、上司が部下を叱るからです。自分の考えで動いて上司から叱られるくらいなら、自分では何も考えないで上司からいわれた通りにしようと考えるのです。

時には失敗しても、自分の判断で動ける部下を育てることが上司の仕事です。その意味では、リーダーは「丸太」、つまり、見えないリーダー、存在感のないリーダーでなければならないということです。そうでなければ、部下は上司に依存し、自主的に仕事をしなくなるでしょう。

真っ当な上司であれば、ただ従順なだけの部下は自分の責任を免れようとしていると見抜けるはずです。そのような部下は組織のことではなく、自分のことしか考えていないのです。

他方、上司のほうも常に従順な部下を好ましいと思っているのであれば、組織のことではなく、自分にしか関心がなく、部下を食いものにし、部下を育てようとは思っていないことになります。

上司がいったことでも間違っていたらそれを正せるような部下を育てるためには、自由に発言できる雰囲気を作らなければならず、そのためにはリーダーの存在を強く意識させてはいけません。

自分が組織の一員であり、そこに所属していると思えることは人間の基本的な欲求ですが、そのことと共同体の中心にいることとは異なります。まずはリーダーが自分の組織の中心にいたいと思うのをやめる必要があります。

次講はリーダーシップについてこれまでのまとめをします。

第12講

リーダーができること、できないこと

リーダーは役割の名前でしかなく、上司と部下は職責が違うだけで対等であるということ、さらに、このことを前提にリーダーにカリスマはいらないということを見てきました。

ところが、上司や上役という言葉は上下関係が前提であり、リーダーと言葉を変えてみても、リーダーはリード、つまり、先に立って導くものだと理解している人が、「上司やリーダーは、部下よりも上か先にいる」というイメージを拭うことは難しいようです。

また、「対等」という言葉の意味は理解していても、部下を対等と見ていない言動をしている人が多いように思います。部下を叱りつけるというようなことです。

リーダーにカリスマはいらないということについてはどうでしょうか。カリスマでなくても強力なリーダーは必要だと考える人がいます。リーダーのあり方として私が理想と考えているのは、次の通りです。

中国の古伝説上の王である堯《ぎょう》は、世の中が本当に治まっているか、自分が天子であることに人々が満足しているかを知るために変装して家を出て行くと、老いた農民が楽しげにこう歌っているのを耳にしました。

日の出と共に働き、日の入りと共に休む。井戸を掘って水を飲み、田を耕して食べている。最後に「帝力何有於我哉」（帝の力がどうして私に関係があるのか）と歌いました。もちろん、関係がないはずはなく、堯の善政があればこそだったのですが、堯の治世を人々が意識していないことが平和に治まっていることの証なのです。

最初に、上司と部下は職責が違う「だけ」と書きましたが、この違いはかなり大きなものです。

喩《たと》えてみれば、リーダーは、オーケストラにおける指揮者のような存在です。

音楽のことをよく知らない人がオーケストラの演奏を見れば、指揮者は何をしているのだろうと思うかもしれませんが、指揮者がいなければ音楽は成立しないのです。指揮者は何をしているのか。

曲を全部覚えている指揮者もいますが、通常、総譜（スコア）を見て指揮をします。

これにはすべてのパートの楽譜が載っています。それぞれの演奏者は自分の譜面だけを見て演奏すればいいのですが、指揮者はすべてのパートがどこでどんな演奏をするかを把握していなければなりません。このような指揮者がいればこそ、演奏者は一心になって演奏することができるのです。

大事な点は、指揮者は自分では音を出すことはできないということです。会社の上司も基本的には指揮者と同じで、自分では動くことはできません。

指揮者が変わると演奏が違ったものになるのは本当ですが、楽員が「自由に演奏ができる」と思える指揮者が私はいいと思っています。

演奏後に送られる拍手はオーケストラ全体へのもので、指揮者だけに送られるのではありませんが、自分への拍手だと思う指揮者がいるとすれば、それは違うでしょう。皆で成し遂げた仕事なのに上司が自分の手柄にするのと同じくらいおかしいことです。

第 1 部
リーダーシップについてのモノローグ

第2章

リーダーになること、あるいは自信を持ってリーダーの仕事をすることに、いわばブレーキをかけるリーダー側の心の問題

第13講

リーダーに向いていない？

本講から、リーダーになること、あるいは自信を持ってリーダーの仕事をすることに、いわばブレーキをかけるリーダー側の心の問題について考えてみましょう。

自分はリーダーに向いていないと思っている人は少なくないでしょう。そのように思う理由はいくらでも思いつくでしょうが、そう思うことの「目的」を考えなければなりません。

リーダーに向いていないと思えば、積極的に仕事に取り組もうとしないでしょう。実は、それがリーダーに向いていないと思うことの目的です。

本気を出しても思うような仕事ができなければ、自分が無能であることを思い知らされるでしょうが、リーダーには向いていないと思えば、仕事がうまくいかなくても、リーダーに向いていないことのせいにできるのです。

しかし、リーダーたる十分な力を身につけていなくても、適性を持ち出さず、現状の自分を受け入れることから始め、その上でリーダーとしての能力を身につけていくしかないのです。

リーダーの適性についていえば、リーダーがどういうものかを知っていなければ、そのような判断はできないはずです。

大学生の頃、私は教師には向いていないと思っていました。「教師というものは大きな声を出せなければならない。それなのに私はといえば大きな声を出せないし、中学校や高校の生徒なら私よりもはるかに大柄の人もいるだろうから、生徒を叱らなければならないことがあれば圧倒されるのではないか」と考えたのです。

私は、結局、小中高の教師にはなりませんでしたが、振り返れば、私が教えを受けた本当に優れた教師たちは皆、決して大きな声を出したりはしませんでした。

リーダーに向いていないと思うとすれば、これまでかくあるべきだと考えられていたリーダーにはなれないと思っているだけかもしれません。

さらにいえば、たとえ自分はリーダーには向いていないと思っても、そう思うことがリーダーになるためには必要です。

ローマ皇帝のマルクス・アウレリウスは十八歳で次期皇帝に指名されましたが、喜ぶどころか、恐怖を感じたと伝えられています。

それでも、彼は皇帝の仕事に全力を挙げて取り組み、リーダーとして元老院議員に敬意を払い、彼らの助言を得ていました。

マルクスは次のようにいうのが口癖でした。

「かくも多くの優秀な友人の助言に私が従うほうが、諸君がたった一人の意向に従うよりも、公正である」（*Historia Augusta*）

自分がリーダーに向いていると思い、リーダーになりたい人のほうが、むしろ問題があります。

なぜなら、そのような人は仕事上の問題が起こった時に、自分のリーダーシップに改善の余地があるとは考えないからです。そして、必要があれば部下に相談しようとは思わず、独断で決めてしまうかもしれないからです。

次講は、リーダーとして孤独を感じるのはなぜなのか、どうすればいいか、考えます。

第14講

リーダーの孤独

リーダーの孤独を感じるという人がいますが、孤独を「感じる」というのと、実際に孤独で「ある」（これは孤独というより「孤立」といってもいいでしょう）というのはまったく別のことです。

実際に、リーダーが孤独であれば、もはや組織は機能していないはずです。リーダーが孤独を感じるというのは、リーダーとして組織の中で自分の居場所を感じられていないという意味でしょう。

自分が組織の一員であり、そこに自分の居場所があると思えることは人間の基本的な欲求です。リーダーなのに所属感を持てない時、孤独を感じるのです。

自分の考えや判断が部下に進んで受け入れられていないために孤独であると感じている上司が、「部下に嫌われてもいうべきことはいわないといけない」「リーダーには嫌われる勇気が必要だ」などと開き直ってしまうと、まわりは困惑するばかりです。

たとえそのようなリーダーであっても、部下が上司とは異なる考えを述べることができるのであれば、組織は健全に機能しているといえます。

自分の考えが通らないことがあるからこそ、孤独を感じるのです。自分は孤独だというけれど、本当に孤独を感じているのか疑わしく思える人がいるかもしれませんが、強く見える人こそ部下に受け入れられたいと思っているのです。

他の誰からも間違いを指摘されることがなく、上司本人が誤りに気づいていないとすれば、それこそ組織にとって由々しき事態だといえます。

孤独を感じるのは、このような強気のリーダーばかりではありません。

どんな判断をしても、反対する人は反対します。部下からどう思われるかをあまりに気にしすぎるリーダーこそ、どう思われるかを気にしないで、正しい判断をするよう努めなければなりません。

気弱なリーダーは部下に迎合するために自分の考えを撤回するようなことがあってはいけないのですが、批判されるくらいなら、自分で判断することを回避しようとします。

そのために必要なのが「孤独感」なのです。孤独を感じている限り、積極的にリーダーの役割を果たそうとは思わないでしょう。

しかし、いきなり最初からは難しくても、失敗を恐れず、やがて的確な判断を下すことができるようになれば、部下の信頼を得ることができます。

リーダーといえども間違うことはあります。部下に自分の判断の適否をたずねてみようとはしないで、独断で事を進めた結果、判断を誤ることもあるでしょう。だからリーダーは独善的であってはいけないのです。

リーダーが持つ孤独感とは別に、リーダーが孤立しているようでは組織は回りません。それを回避するためには部下に働きかければいいのです。つまり、部下の意見にしっかりと耳を傾けるということです。

次講は、リーダーとしての自分をどうしても他の人と比べてしまう時、どうすればいいか考えてみましょう。

第15講

自分を他人と比べてしまう時

リーダーとしての自分をどうしても他の人と比べてしまうという人がいます。比べるという時、自分を他の人と比べて自分が優れていると思う人はいないでしょう。自分が他の人よりも優れていると思っている人は、「自分はリーダーに向いているのだろうか」と悩むはずはありません。

自分は本当はリーダーに向いていないのではないかと感じるのは「劣等感」です。この劣等感は、実際に劣っているというのではなく、劣っていると「感じる」ということです。

劣等感は主観的なものなので、リーダーが劣等感を持っていても、実際にリーダーとして劣っているとは限りません。反対に、自信のある人が実際にはリーダーとしてふさわしくないことがあります。

劣等感を持っていても、その劣等感が優れたリーダーであることを助けることがあります。

アドラーは、劣等感は「普遍的なものであり、努力と成長の健康で正常な刺激である」といっています(『個人心理学講義』)。

普遍的なものであるというのは、誰もが劣等感を持っているという意味です。

劣等感は人が努力し成長するための刺激になり、劣等感があればこそ、人は努力し成長するのですから、そのような劣等感は健康で正常なものです。

もしも比べるなら、前の自分と今の自分を、現実の自分と自分が思い描く理想のリーダーを比べることで、自分の努力と成長を確かめ、さらに向上する努力をするのです。

ところが、自分を他の人と比べて、自分が劣っていると思ってしまうと、それはもはや健康で正常な劣等感ではなくなり、リーダーとして働く時のブレーキにしかなりません。

なぜ、ブレーキにしかならないのかといえば、他の人と比べて劣等感を持たなければならない理由があるのです。

部下を叱れないとか、決断力がないということを自分がリーダーとして劣っていることの理由にする人がいれば、その理由はすべてリーダーに向いていないことを納得するために自分が作り出したものでしかないのです。

それでは、どうすればいいのか。まず、リーダーであるために必要な知識と経験を十分持っていないのであれば、研鑽《けんさん》を積めばいいのです。

誰もが初めから優れたリーダーであるわけではないのですから、アドラーの言葉を使うなら、「不完全である勇気」を持ちましょう。

次に、他の人と比べるのをやめることです。ありのままの自分を受け入れるしかないのです。自分は自分でしかないのですから、他の人と比べることには何の意味もありません。

もしも誰か他の優秀だといわれているリーダーになろうと思って、その人のやり方をまねて、その人と同じリーダーになれたとしても、それはあなたではないのです。

次講は、本講で考えたことを踏まえ、会社を継がなければならないのがつらいと思った時、どうすればいいか考えてみましょう。

第16講

会社を継ぐのがつらい

会社を継がなければならないのがつらいと思った時、どうすればいいか考えてみましょう。

二つの観点から考えなければなりません。

まず、会社のこと。会社を継いだ後、リーダーの仕事をしている時に感じる悩みは、喩えてみれば、今住んでいる家が気に入らないので改装しようかどうかを考えているようなものです。住む処は変わりません。

他方、会社を継がなければならないのがつらいと思い悩むのは、今住んでいる処から引っ越そうかと考えているようなものです。当然、会社を継がなければ、人生はかねがね思い描いていたものとは違ったものになるでしょう。

会社を継ぐか継がないかは多くの場合、自分の一存で決めることはできないでしょうが、それでも、会社を継がないことが選択肢の一つでありうると考えるところから始めなければなりません。

哲学者として生きたかったマルクス・アウレリウスは、皇帝として生きることを自分の運命として受け入れ、皇帝の仕事に全力を挙げて取り組みましたが、現代を生きる私たちにとっては、会社を継ぐことは決して「運命」ではないのです。

自分にしかできない仕事はありません。定年で有能な社員が退職することは会社にとって大きな痛手ではありますが、それでも必ず代わりの人はいるのです。

会社のリーダーも同じです。後継者は自分でなければならないわけではないのです。私はこれまでカリスマ、強いリーダーはいらないと書いてきました。「人」ではなくリーダーという役割こそが会社には必要です。

次に、自分自身のこと。自分自身の人生を生きなければ意味がありません。たとえ後継者であることが早くから決まっていて、会社を継ぐことが当然のこととして期待されているとしてもです。会社のために自分の人生を犠牲にする必要はありません。

私は会社を早く継ぎたくてたまらないという人よりも、会社を継がなければならないことを悩む人のほうが、今後実際に会社を継ぐことになった時に、優れたリーダーになると考えています。

私の友人は子どもの頃から祖父から続く医院を継ぐことを期待されていました。しかし、彼は医学部に進学しませんでした。親はさぞかし困ったでしょう。

ところが、彼はその後医学部に入り直し、医院を継ぐことにしました。彼の中にどんな心境の変化があったかを私は知らないのですが、その後、彼は「町医者」として、患者から求められたら、休日でも深夜でも往診を厭《いと》わない医師になりました。彼が最初から何の問題もなく医師になっていたら、今のような人生を送っていなかったかもしれません。

ところで、会社は継が「なければならない」のでしょうか。継ぎ「たい」と思えたらつらくはなくなります。どうしたらそう思えるようになるか、さらにリーダーのあり方について考えていきましょう。

次講は、つらい思いをしてまでリーダーでいなければならないのかがテーマです。

第17講

リーダーでいるのがつらい

つらい思いまでしてリーダーでいなければならないのでしょうか。いくつか考えないといけないことがあります。

まず、リーダーであることがつらいとは限らないということです。それなのに、つらい思いをするとすればわけがあります。

つらいと思っている人は、「できるものならリーダーを辞めたい」と思っているか、少なくとも積極的にはリーダーの仕事に取り組めていないのでしょう。つらい思いをしているから、自分はリーダーを続けられないと思うのではないのです。そうではなく、リーダーに向いていないと思うために、つらいと思うのです。

つまり、そのつらい思いをリーダーを辞める決心をするために作り出しているということです。リーダーを続けたくないという思いが先にあります。それ以外のことはすべてこの思いを正当化するための理由でしかありません。

そこで、何をしてもそのことでリーダーの仕事がつらいと思わなければなりません。たとえ仕事がうまくいっても、自分がリーダーでなければ、もっと大きな成功を収められたのではないかと思うかもしれません。自分がリーダーとして適任でないと納得できる証拠を探し出そうとしているのですから、つらい思いをすることをやめるわけにはいかないのです。

次に、つらいことと苦しいことは違うということです。傍から見ていると楽そうに見える仕事でも、楽な仕事などありません。嬉々としてリーダーの仕事をしているように見えても、人知れず苦労をしている人は多いでしょう。

しかし、苦労をしてもつらいとは限りません。苦労すればこそ仕事をやり遂げた時の喜びは一入《ひとしお》です。もしもリーダーであることがただつらいとすれば、一つには先に見たようにつらいことを、リーダーを辞めるための理由にしているということもありますが、リーダーの仕事をどこか犠牲的なものと考えているからです。会社を継が「なければならない」と思っている人と同じです。

リーダーの仕事を犠牲的なものだと思っている人は自分の仕事が認められていないと思っています。しかし、これまで見てきたように、リーダーの存在は前面に出てはならず、したがって、その仕事が表立って賞賛されることは望ましくないのです。リーダーの仕事は組織の犠牲になることではなく、貢献することであるとわかっている人は、誰からも自分の仕事が知られなくても不満に思うことはありません。

自分は組織に貢献していると感じているリーダーは、貢献している自分に価値があると思えますからつらいとは感じないのです。

リーダーがつらそうに仕事をしていれば、部下がどうして嬉々として仕事をする気になれるでしょう。リーダーの仕事は貢献感を持って仕事をするモデルになることです。

つらい思いをしている人は、おそらくは何を目指して仕事をすればいいのかわからなくなっているのです。次講は、仕事とは一体何を目指しているのかを考えてみましょう。

第18講

幸福を売ろう

一体、何のために働いているのかというようなことは、仕事がうまくいっている人は普通考えないでしょう。

ところが、周囲から批判されたり、思うように事業が伸びなかったりすると、何のために頑張っているのかと虚しくなります。

先に見たように、なぜ働くのかといえば幸福であるためであり、誰かに貢献していると感じられると幸福を感じることができます。

人は働くために生きているのではありません。生きるために働いているのでもありません。こういうとたちまち「働かなければ生きていけないではないか」と反論されますが、呼吸をしなければ生きられないけれど、それでは呼吸するために生きているのかといえばそうでないのと同じです。

人が働くのは幸福であるためです。身を粉にして働いているのに幸福を感じられないのであれば、働き方を見直す必要があります。

人は貢献していると感じられる時に幸福を感じることを既に見たのですが、ここでは個人の貢献感にとどまらず、対社会的な貢献について考えてみましょう。

顧客の人生に幸福をもたらすことができれば貢献感を持てます。利潤の追求に終始しているようでは貢献感を持てません。

いつか家電量販店にカメラを買いに行った時のこと。私が買おうと思っていたカメラについて店員さんから懇切丁寧な説明を受けました。彼女は最後にこんなことをいいました。「このカメラは非常に優れたカメラなので、プライベートでも使っていますす」と。

数週間後、妻がカメラを買いに同じ店に行きました。たまたま私に対応したのと同じ店員さんが出てきて、別のカメラの説明の最後にこういいました。「このカメラは非常に優れたカメラなので、プライベートでも使っています」と。

カメラ好きな人は何台もカメラを持っているので、これは本当のことだったのかもしれないのですが、私にはカメラを買わせるためのセールストークにしか聞こえませんでした。

店員が客にしなければならないことは、客が手に入れたいと思っているカメラについての正確な情報を伝えること。これが一つ。

さらに、客が求めているカメラであっても、それがその人にとって相応《ふさわ》しくないものである時は、本当に相応しい商品を薦めることです。例えば、初心者が一眼レフカメラをほしいといっても、最初はコンパクトデジタルカメラやスマートフォンを薦めることです。

つまり、売り上げを伸ばすために客が求めている以上のものを売りつけたり、ノルマを達成するために客の利益にならない契約を結ばせたりといったことをしてはいけないということです。そのようなことをしても仕事の満足を得ることはできないでしょう。

同じことは、会社全体についてもいえます。会社が社会に幸福を売るという形で貢献していると思えれば、リーダーとして仕事をする時の目標が明確に見えてくるのではないでしょうか。

次講からは、リーダーの心の問題から離れて、部下への対応について考えていきます。

第１９講

嫌われてはいけない

部下との関係がうまくいっていないと、「リーダーでいるのがつらい」とか、「リーダーに向いていないのではないか」というようなことを次々に考えてしまうものです。そう思うのは、リーダーの仕事に積極的に取り組まないためであることは、これまで見てきたことからわかると思いますが、手を拱《こまぬ》いて何もしなければリーダーへの逆風はいよいよ強まるばかりなので、そのような思いは脇に置き、何ができるかを考えてみなければなりません。

何か問題が起こった時、リーダーの資質、素質、適性、人格の問題にしないことが大切です。

「三代目だから嫌われている」と若い友人がいっていましたが、これも本当ではありません。当然、三代目の人が皆嫌われているわけではないからです。いずれも問題の原因を適性や境遇に置くことで、問題の責任を転嫁しているのです。

子どもの問題で相談にこられる親に私は「あなたは悪い親ではなく、下手な親だった」といってきました。子どもとどう関わるか、その方法を知らなかったという意味です。

リーダーも問題が起きた時の対処法を知っていればいいので、カリスマ的なリーダーである必要はありません。満塁ホームランを打てなくても、打席に立てば必ずヒットを打って一塁まで進めること。柔道でいえば、立ち技ではなく、「練習量がすべてを決定する柔道」である寝技を身につけることが必要です。作家の井上靖は学生の頃、背負い投げが得意でしたが、寝技にはかなわないことを知り寝技の練習に励んだと書いています（『北の海』）。

部下から嫌われてもいいと開き直るのも問題です。「嫌われる勇気」という言葉が一人歩きしている感があって、「部下に嫌われてもいうべきことはいわないといけない」とか、あげくに、指導と称して部下を叱りつけ、後にパワハラだと問題視されても「嫌われる勇気を持つ必要があった」というようなことをいう人がいます。

嫌われる勇気は上司の顔色を見ていうべきことをいえない部下にこそ必要であって、上司がこの勇気を振りかざしてはいけないのです。もちろん、上司が会社にとって必要なことを部下に嫌われたくないためにいわないのは問題ですが、上司が部下から嫌われているとすれば、部下への対応に問題があるからです。

会社にとって本当に必要なことであれば、きちんと説明すれば理解されるはずですし、そうすることができないのであれば、必要であることを部下に説明できない上司の力不足といわなければなりません。

あるいは、本当は必要でないことや間違ったことを上司が強引に押し通そうとしているので、部下が反発し、そのため上司は嫌われることになるのです。

このような意味で嫌われているのであれば、自分が間違っていることがありうるということを前提に、部下にしっかりと説明しなければなりません。

次講も、これまで論じてきたことを前提に、さらに部下への対応について考えてみます。

第20講

自分ができることを考えよう

優れたリーダーであることは簡単なことではありませんが、リーダーシップを資質、素質、適性、人格の問題にしないで技術に還元すれば、カリスマでなくても、それを学べばリーダーとしての仕事を果たすことができます。

とはいえ、部下と対等に接するとか、部下を尊敬し信頼するというようなことは、頭でわかった気がしても、実際にどうすればいいのかはすぐにはわかりません。経験を重ねていく中で次第にわかっていくというところがあります。

ところが、リーダーシップのこのような難しさには目もくれず、どうすれば部下を操れるかということばかり考える人が必ず出てきます。

そうなると、私の考えの立脚点である対等な関係は築かれず、叱らない、お願いをする、「ありがとう」というなどの技法は、すべて部下の操作、支配のために使われることになってしまいます。

そのようなことにならないためには、二つのことに気をつけなければなりません。まず、部下を変えようとするのではなく、自分にできることがないかを考えることです。

私は講演をする時にできるだけ質疑応答の時間を取るようにしていますが、学校の先生は、何か問題がある時、生徒に原因があると考えて質問する人が多いです。しかし、そう考えている限り、問題解決の糸口は見つかりません。

それが見つかるのは、最初は職場での対人関係を思い浮かべて考えていたのが、家庭での親である自分と子どもとの関係を考え始めた時です。問題は対岸の火事、他人事ではなくなるのです。

リーダーシップもこれと同じで、職場に何か問題がある時、それが部下というよりはリーダーの問題であり、上司が部下にどう対応すればいいかを考えられるようになれば、問題解決の糸口が見えてくるのです。

次に、部下を操作する考えから脱するために必要なことは、部下を信頼することです。

部下の行動（仕事）ではなく、存在に注目するということを存在承認という言葉で説明したところ、「仕事ができない部下を現状のまま認めてしまえば、部下はこれでいいと思って努力しなくなるのではないか」という質問を受けたことがあります。

仕事では結果を出さなければなりません。会社は何もできない新入社員に先行投資をするのだから、その投資に見合った結果をいち早く出せなければならないということでしょうが、発破をかけるようなことをすれば、いよいよ自分の無能を痛感し、仕事に取り組む勇気をなくしてしまうのです。

仕事に必要な知識を部下に教えるのもさることながら、仕事に取り組む勇気を持てる援助をしなければなりません。そのためには、目下、まだ目覚ましい成果を収めていない部下も、自分も初めから仕事ができたわけではなかったことを思い出して、必ず力を発揮すると信頼することが必要です。

次講は、職場の雰囲気について考えます。

第21講

笑いのある職場

私はこれまでのところで強いリーダーではなく、今はあまり使われなくなった言葉を使うなら「縁の下の力持ち」的な役割を果たすリーダーのあり方について述べてきましたが、リーダーが積極的な役割を果たせることがあります。

それは、職場に笑いのある雰囲気を作ることです。

ただし、リーダーでなくても他の誰でもできますが、リーダーがまず率先して実践し、部下のモデルにならなければなりません。

何事も真剣に取り組まなければなりませんが、真剣であることと深刻であることとは別のことです。仕事も例外ではありません。

「失敗したら上司から叱られるのではないか」と、上司の顔色をいつもうかがわなければならないような張り詰めた雰囲気の中では、部下は力を発揮することはできません。

真剣に皆が仕事に向き合う中、緊迫した雰囲気を和らげる、具体的には笑いのある雰囲気をまず上司が作ることに努めなければなりません。

もちろん、これはリーダーが何か面白おかしいことをしたり話したりして場を和ませるというようなことではありません。受けを狙ってみても、大抵滑ってしまうでしょう。

三木清が、こんなことをいっています。

「鳥の歌うが如くおのずから外に現われて他の人を幸福にするものが真の幸福である」（『人生論ノート』）

幸福は単に内面的なものではなく、他者に表すものです。自分が幸福であることが鳥が歌うように外に現れ、その幸福が人を幸福にするのです。

どうすれば幸福を表現できるのでしょうか。三木は次のようにいっています。

「機嫌がよいこと、丁寧なこと、親切なこと、寛大なこと、等々、幸福はつねに外に現われる」（前掲書）

職場の雰囲気が和み、笑いが出るようになるためには、この中の「機嫌がよいこと」が必要です。

気分が安定しない人がいます。気分が安定している人であれば、まわりの人は気を遣わなくてすみます。

ところが、朝から不機嫌で怖い顔をしている人がいます。そのような人は自分でその日をつまらなくしているように見えます。

自分だけのことであればいいのですが、実際はまわりの人の気分をも悪くしています。リーダーが不機嫌であれば部下は敵《かな》いません。

他方、機嫌がよい人を見ればまわりの人も嬉しくなります。

アドラーは、喜びは人と人とを結びつける情動であり、笑いはその喜びの要石だといっています（『性格の心理学』）。

喜びは人と人を結びつけます。他者と結びついていると感じられる人は、他者に協力することに喜びを感じることができます。喜びを感じることができれば、仕事にも打ち込む気になれます。

皆が喜んで仕事に打ち込めているかの指標が、職場に笑いがあることなのです。

次講は、さらにリーダーが職場の雰囲気をよくするために何ができるかを考えます。

第22講

丁寧・親切・寛大

三木清が幸福は常に外に現れ、それは、まず、「機嫌がよいこと」であるといっているることを前回見ました。とりわけ、リーダーの機嫌がよければ、余計な気遣いをしなくても職場の雰囲気は和み、仕事に打ち込めます。

続いて三木は「丁寧なこと」をあげています。これは何かお願いをされた時に、忙しいからなどといっておざなりな対応をしないということです。今の時代、誰もが忙しいのですが、丁寧な対応をされると、自分が大切にされたと思えます。リーダーは誰より忙しいでしょうが、リーダーこそ丁寧な対応を率先してするべきです。

次に、三木は「親切なこと」をあげています。部下が仕事のことで教えてほしいといってくれれば、教えればいいのです。

他方、自分のことについては、自分ができることは自分でしなければなりません。

リーダーだからといって、自分でできることまで部下にやらせようとするのは間違いです。たとえ、部下に任せる時でも、そのことを当然のことだと思ってはいけないということです。

もちろん、自分ではできないことであれば、リーダーであっても、まわりの人に援助を求めなければなりません。自分ができないことなのに自分でやろうとすると、まわりの人が迷惑することになります。パソコンの操作に不慣れな上司が知識のある若い人に援助を求めることは、少しも恥ずかしいことではありません。

ただし、初めから学ぼうという努力すらしないのは問題でしょう。アドラーは「誰でも何でも成し遂げることができる」といっています。初めからできないと決めてかかっている人は、どんなこともできないことの理由にしてしまうのです。

さらに、三木は外に現れる幸福の例として「寛大なこと」をあげています。寛大であるというのは、他の人の考えに賛成できなくても、理解する、少なくとも、理解しようとすることです。

皆で協力して仕事をする以上、考えが相容れないことは避けられません。そのような時にこそ異論に寛大でなければなりません。部下が自分の考えを自由に主張できる援助をすることがリーダーの仕事です。

そのような援助をするためには、誰がいったかは問題にせず、考え自体が正しいか否かを検討しなければなりません。上司が間違っていて、部下が正しいということはいくらでもあるからです。

リーダーは部下が出したアイディアが現状では実用化が困難と思えても、はなから否定するのではなく、まずその考えそのものの意義を見極めなければなりません。

多くのヒット商品やベストセラーは、職場で部下が上司の反対をものともせずに主張した結果、生まれたものです。上司は、若い人の才能を伸ばす援助をしなければなりません。

次講は、リーダーが部下に対してしてはいけないことについて考えます。

第２３講

手柄の横取りをしない

前講で、リーダーは部下が出したアイディアをはなから否定してはいけないと書きました。経験のあるリーダーが、「斬新だがとても実用化は困難だろう」とか、「売れないだろう」と判断して部下のアイディアを潰すことがあります。

実際、多くの場合、その判断は間違ってはいないかもしれませんが、部下の才能を伸ばすよう努めなければ会社は伸びないでしょう。

部下のアイディアを取り上げないこと以上に問題なのは、部下のアイディアを上司が横取りしてしまうことです。

ある新設高校で校歌を作ることになりました。詩が生徒から募集され、選ばれた詩に高名な作曲家が曲をつけました。

ところが、校歌の披露演奏会で配られた校歌の歌詞と譜面には、作詞した生徒の名前は載っていませんでした。その代わりに、音楽教師の名前がありました。その教師が作詞をした生徒の指導に当たったのでしょうが、生徒の名前を出さないのなら最初から詩を募集しなければよかったのですし、作詞も詩人に依頼してもよかったはずです。

ところが、後世に名を残したかったので、自分では作詞できない教師は生徒に詩を作らせ、それを自作したことにしたのです。

職場であれば、部下の出したアイディアを部下の貢献には言及しないで、上司が自分で思いついたようにいうことがあります。すると、部下までもが他の同僚の考えたことを自分の発案だと偽って上司に報告するようになります。

問題の根底には虚栄心と競争があります。

自分を高めようとすることは、健全な優越性の追求ですが、他者との競争を念頭に置くと、人からよく思われたいという虚栄心になってしまいます。

競争に勝つためには手段を選ばず、他者の手柄を横取りするような人は、評判を落とし人からよく思われないはずですが、自分のしていることが非合理であることを知らないように見えます。

このような虚栄心は、会社のためにはなりません。本当に他の人からよく思われたいのであれば、自分さえよければいいという考えから脱却し、自分が組織のために何ができるかを考えられるようにならなければなりません。

組織にどんなことをしても他者の優位に立ちたいと思う人がいるとすれば、個人の問題というよりは手柄競争を助長する組織のあり方こそが問題です。仕事は「私」の手柄、功績ではなく、「私たち」の功績であり共有されるべきです。

その意味で、どんな仕事もチームプレーであり、仕事を競争ではなく協力であると思えるようにするのはリーダーの仕事です。

一人ひとりの名前が表に出てこないこともありえます。そのことを当然だと思い、「名前が出なくても貢献することが大切だ」といったことをリーダーがいうのは間違いです。

リーダーは誰の貢献に負うところが大きいかを常に把握しておかなければなりませんし、その貢献に感謝することを忘れてはいけません。次講も、上司がしてはいけないことについて考えます。

第24講

部下のせいにしない

賞罰教育によって育てられてきた人は、大人になって会社に入ると、絶えず上司の顔色をうかがうようになります。

自分の判断で動いて失敗し、上司から叱責されるぐらいなら何もしないでおこうと考えるようになります。自分に従わなければ冷遇すると脅されようものなら、上司の命じることをたとえ不正でもします。

ほめられて育つことにも問題があります。三木清が次のようにいっています。

「部下を御してゆく手近な道は、彼等に立身出世のイデオロギーを吹き込むことである」(『人生論ノート』)。

出世こそ人生の大事と説き、昇進などの見返りをちらつかせると、部下は上司の言いなりになってしまいます。

部下が思いのままに動けばいいではないかと思う上司がいるかもしれませんが、ここで問題にしたいのは、部下が上司の言いなりに動いたにもかかわらず失敗した時の上司の対応です。

前講で、上司が部下の功績を横取りすることの問題について見ました。これは子どもが成功した時に、親が自分のおかげだというようなものです。子どもが努力したから成功したのであって、親のおかげではありません。

他方、同じ親が、子どもが何か問題を起こした時に、自分のせいだということがあります。これも間違っています。

たしかに親は子どもに影響を与えたかもしれませんが、子どもは親の操り人形ではありません。子どもの時は従順でも、やがて親の手を払いのけてどこかへ行ってしまいます。

成功するのも失敗するのも責任は基本的には子どもにあるのであって、親が子どもの行動を決定したわけではないのです。

親の影響は大きいですが、子どもは親からだけ教育されるのではありませんから、子どもが成人後に何か問題を起こしたからといって親の責任にはなりません。

ところで、部下が自分の指示通りに動いたにもかかわらず失敗した時や、自分が指示して部下にやらせた不正が発覚した時、先に見た、子どもの問題はすべて自分のせいだと考える親とは違って、すべてを部下のせいにしてしまう上司の場合はどうでしょうか。

まず、部下の失敗についていえば、上司の指導に問題があります。それを棚上げにして部下を責めるのはおかしいのです。

不正が発覚した時に「部下が勝手にした」などといって部下のせいにするのはもちろん論外で、部下も上司の指示を受け入れた責任は免れませんが、そもそも上司がそのような指示をしなければ何も問題は起こらなかったはずです。

上司がしてはいけないことは、責任を部下に転嫁することです。「責任は私にある」といいながら、責任を取らない上司では部下はついてきません。このようなことをいう上司は「責任は私にあるとはたしかにいったが、責任を取るとはいっていない」というようなことをいうのでしょうが。

次講は、職場の雰囲気について考えてみます。

第25講

空気を変える勇気

私は企業研修で会社を訪ねる機会が度々ありますが、どの会社にも独特の雰囲気があることにすぐに気づきます。

講演後、質問を募っても、部下が上司の顔色をうかがい手を挙げるのを躊躇《ちゅうちょ》するような会社では、統制された雰囲気を感じますし、他方、上司からも部下からも次々に質問が出て自由闊達な議論ができる会社では、皆がリラックスしていて自由な雰囲気を感じます。

このような会社の雰囲気や空気は、自然発生的で不動のものではなく、実際には、人為的なものなのですが、変えられないと考える人がいます。また、集団に個人よりも優位な主体性を認めようとする人もいます。空気は変えられないのか、個人は集団の意志に従うしかないのか、考えなければなりません。

会社は自分が入る以前から存在していたのであり、時間的には先に存在していた会社に後から入るのですが、自分の入社と同時に、自分が入社する以前にあった会社という共同体はなくなります。

これがどういうことなのかは、「私」と「あなた」から構成される最小の共同体を考えればわかります。この共同体は、私とあなたが知り合う前は、存在していませんでした。二人が知り合って初めて成立するのです。

二人から構成される共同体と、多くの人から構成される共同体も、基本的には同じです。つまり、誰かが入社すれば、その時点でそれ以前とは違う新しい共同体が形成されるのです。

同様に、会社の雰囲気や空気も、その会社に新しく誰かが入れば、もはやその人の入社前と同じままであることはできません。

哲学者の串田孫一がこんなことをいっています。

授業が終わる少し前に、教師が何か質問がないかとたずねても、誰も質問をしませんでした。そんな時に、手を挙げる者は皆から嫌われました。教師が質問に答えているうちに、質問さえなければ早く終わったかもしれないのに、終業のベルが鳴っても解放されないことになりかねないからです（『雑木林のモーツァルト』）。

こんな時、質問する者がいれば、今なら「空気を読めない」と見なされるでしょうが、質問が自分のみならず皆にとって有益なものであるのなら、質問をしてはいけないという空気がどれほど強力であっても、終業前であっても質問するべきです。

このように空気は、多くの場合、何かを「する」というよりは、「しない」という方向に作用するので、空気に抗うことは容易ではないのです。

しかし、不動なものに見え、個人の力では変えることができないと思える会社の雰囲気や空気でも、誰かがあえて空気を読まずに、本当にいうべきことをいい、するべきことをする勇気を持てば、これを変えていくことは必ずできるでしょう。

リーダーが率先して空気を変えていく努力をするのが一番早いのですが、独善的になってしまいがちなので、今の職場の雰囲気に改善の余地があるか、部下の考えに耳を傾けなければなりません。

第3章

混迷の時代に、リーダーにできること、するべきこと、してはいけないこと

第26講

決断する勇気

新型コロナウイルスが今後どのようになっていくかは誰にもわからないので、不安に思っている方も多いと思います。

未曽有の事態を前に従前の知識や経験を活かすことができなければ、暗闇を手探りで歩く時のような不安に襲われるのは当然でしょう。しかし、不安なのはリーダーだけではありません。部下も同じです。リーダーとして何ができるか、何をしなければ

ならないかを考えてみましょう。

リーダーとしての才覚は、誰も経験したことがなく、したがって先が見通せない危機的状況にある時にこそ発揮できるものです。

喩えてみれば、あらかじめ募っておいた質問に答えることなら誰にでもできますが、その場で質問されたことに当意即妙な答えができる人こそ実力があるように、何が起こるか想像できない今こそ自分の実力を発揮できるのです。

とはいえ、リーダーシップを発揮するのだと力んでしまうと、独断専行になって判断を誤ることになります。反対に、どんな判断も決断もできないと思う人はリーダーとしての自信を失うことになります。

どちらのリーダーも、自分がリーダーとしてどう見られるかを意識しすぎなのです。アドラーが、人にどんな印象を与えるか、他の人が自分をどう見るかばかり考えていると、行動の自由が著しく妨げられることになる、といっています（『性格の心理学』）。「行動の自由が著しく妨げられる」というのは、今必要なことは先行き不透明な状況で部下をいかにして守るかということであるはずなのに、人からどう思われるかばかりを気にかけると、本当にしなければならないこと、するべき決断の好機を逸することになるということです。このようなリーダーは、結局のところ、自分のことにしか関心がないのです。部下はリーダーがどこを見ているのかを見ています。

そこで、具体的には、まず、誰も目下起こっていることがどうなるかわからないのですから、リーダーは部下の考えを聞かなければなりませんし、決定に際してはしかるべき人に諮ることも必要でしょう。独断で事を進めてはいけません。

次に、たとえ業績悪化というような不安材料であっても、情報を開示し、決して隠蔽してはいけません。一度でも隠蔽が発覚すれば部下の信用を失います。目下、一番必要なのは部下からの信用と協力です。困難の責任がすべて上司にあるなどとは部下は考えないでしょう。

第三に、リーダーとして決断する勇気を持たなければなりません。判断を誤った時には、速やかに誤りを認める勇気を持たなければなりませんが、ためらってばかりいると責任を回避しようとしていると見なされます。

専門家の知見を俟《ま》たなくても論理的に考えればわかることがあります。国などから要請されることがあっても、本当にそれが合理的で絶対必要なことなのかを考えるのがリーダーの仕事です。上意下達ばかりでは部下の信用を失うことになるでしょう。

第27講

決めるのが怖い

どんなことであれ決断するのは難しいものです。

手を拱いていては事態がいよいよ悪くなるのは明らかで、即時の決断が必要だとわかっていても、なお自分が決断するのをためらってしまいます。

決断をためらう一番大きな理由は、決断には責任が伴うということです。とりわけ、前例がなく、こうすれば必ずうまくいくという保証がなければ決断できません。

しかし、必ず望む結果が出るのであれば、そもそも「決断」という言葉を使う必要もありません。

そこで、失敗を恐れ決断の責任を取りたくない人は、いよいよ事態が逼迫《ひっぱく》し決めないわけにはいかない時まで決断の時期を遅らせますが、その時、事態は取り返しのつかないものになっています。

どうすればいいのか。まず、責任を取ることを恐れないことです。

阪神淡路大震災の時のこと。避難所でいろいろな問題が起こりました。その一つが風呂に入れないということでした。ある医師が体育館に仮設の風呂を設置しようと考えました。

ところが、許可を得なければなりませんでした。煩瑣《はんさ》な手続きと時間が必要であることに業を煮やしたある医師は、許可が下りるのを待たずに風呂を設置することにしました。

そんなことをすれば責任を問われたのではないかと後に私がたずねたところ、ボランティアとして避難所で診察をしていたので、責任を取れといわれたらさっさと辞めるつもりだった、と。

前例がないというのは、ルールがないという意味でもありますが、責任を取らないために、ルールを杓子定規に適用しようとする人に屈してはいけません。

次に、早急に決断することです。

「今こそ決断するべき時であるのはわかっている、でも」といった時、決断するか、それともしないでおこうかという気持ちが拮抗しているのではありません。「でも」といった時点で、「しない」と決めてしまっているのです。

英語に、Look before you leap、「よく見てから跳べ」という諺があります。失敗しないためには慎重であるべきですが、あまりに慎重になりすぎると何もできなくなってしまい、好機を逸してしまうことになります。むしろ、Leap before you look、「見る前に跳べ」でなければならないことがあります。

もちろん、見る前に跳ぶと失敗することはありますが、たとえ朝令暮改といわれても、間違っていることがわかれば直ちに前言を撤回し、再決断すればいいだけのことです。

哲学者の鶴見俊輔は、「途中で気を変えるのはけしからん」というようなサムライ的正義感から自由になった方がいいといっています（『未来におきたいものは——鶴見俊輔対談集』）。

決断が遅いことも問題ですが、間違った決断にいつまでも固執することはさらに問題です。

危急の場合、リーダーは的確な決断をしなければなりません。批判を真摯に受け止め、すべからく「途中で気を変える」ことが必要なのです。

第28講

変化を恐れるな

なぜ決めるのが怖いかといえば、決めることには責任を伴うからです。責任を取ることを恐れるリーダーは、できるものなら自分では決めたくないと思うでしょう。リーダーの一存で決めずに部下とも相談するべきですが、責任は最終的にリーダーが取らなければなりません。

決めることを恐れるのにはもう一つ理由があります。それは、変化を恐れるということです。

何かをする、あるいは、しないと決めれば、状況は何らかの仕方で変わらないわけにはいきません。状況が変われば、次の瞬間にも何が起こるかまったく予想がつかなくなるので、ルーティンをこなしてさえしていれば大過なく日々を過ごせるというわけにはいかなくなります。

どれほど変化することを恐れても、そもそもこの世界も自分も不断に変化しているのです。

古代ギリシアの哲学者であるヘラクレイトスは「同じ川に二度入れない」といいました。川は絶えず流れていきます。今日、足を浸した川の水は明日は流れ去ってもはやなく、明日の自分も今日の自分ではありません。まわりの世界も自分自身も同じままであり続けることはありません。このように変化は不可避なのです。

さらに、外から降りかかる出来事が同じままでいることを不可能にします。

病気をした人は、明日という日がくることが決して自明ではなく、健康な時に思い描いていたような人生を送ることはもうないかもしれないことに思い当たります。

世界中で猛威を振るっている新型コロナウイルスも同じです。否が応でもこれまでと同じように生きることはできなくなりました。たとえ終息したとしても、その後世界は大きく変化しないわけにはいかないでしょう。そうなると、こんなことになるとは思ってもいなかった時に立てていた計画は意味を持たなくなります。

そうであれば、この世界の大きな変化に適応して生きていくしかありません。新しい生き方を選ぶと、次の瞬間何が起こるかわからなくなります。だからといって、不自由で不便でも慣れ親しんだ生き方に固執したほうがいいなどといっている場合ではありません。働き方や経営方針についても同じことがいえます。

変化に適応していくためには目標そのものを変えなければなりません。オリンピックを予定通り開催するという目標は絶対に動かせないと考えていたために、コロナウイルスの感染拡大防止のための対策が後手になったように、何があっても目標を変えないでおこうと考えている限り、変化に適切に対応することはできません。

飛行機は何事もなければ、空を飛んでいることも忘れてしまいます。しかし、今は飛行機が乱気流に巻き込まれた状況に似ています。当初目指していた空港ではないところに着陸しなければならないかもしれません。そのことには大きなリスクが伴いますが、生き延びるためには従前のやり方に固執してはいけないのです。

今、試されるのはリーダーの勇気です。

第2部

リーダーシップについての個人的な体験

私が家族の一員として、職業人として、あるいは一人の人間として学んできたこと

第2部は、「日経トップリーダー」での連載を受けて、二〇一九年十二月、同誌の読者である経営者向けに行った講演をベースにまとめました。第1部に著したリーダー論を私自身の個人的な体験に即して話しました。

課題の分離

アドラー心理学で、「課題の分離」という言葉があります。課題の分離の「課題」とは、あることの最終的な結末が誰に降りかかるか、結局誰が困るのかということです。あることの最終的な責任を誰が引き受けなければならないかを考えた時に、そのあることが誰の課題であるかがわかります。

人から嫌われる、嫌われないという話に引き付けていうと、自分のことを他の人がどう思うか、あるいはどういう評価をするかということは、相手の課題であって私の課題ではありません。

それは、自分では決められない。どんなに自分が優れたことを提案しても、それを受け入れる人もいれば受け入れない人もいる。自分がどんなに一生懸命頑張っても、少しも認めてくれないということもあります。

課題をきちんと分ける。どう評価されるかは、自分ではどうすることもできないのだから、そのことについては相手に任せるよりほかありません。

簡単な例でいうと、子どもが勉強をしないとします。勉強をする、しないは誰の課題でしょうか。もしも勉強しなければ、成績は下がり、行きたい大学があっても行けないかもしれない。そうした結末は最終的に子どもに降りかかり、その責任は子ども自身が取るしかありません。

およそあらゆる対人関係のトラブルは人の課題に土足で踏み込むこと、あるいは踏み込まれることから起こります。

子どもの立場でいうと、「勉強しなくてもいい」と思っている子どもはいない、本当は勉強するべきだし、できるものならしたいし、成績も上げたいし、行きたい大学にも入りたい。

しかし、「勉強をしようと思ってもなかなか手につかない」「集中力がないので、なかなか思うように成績を上げられない」と思っている子どもに、親がずかずかと子どもの課題に踏み込んで「勉強をしなさい」といったら、あまりに正論すぎてかえって受け入れられない。やはり対人関係のトラブルを回避する一番簡単な方法は、人の課題であればそこに踏み込まない。それに徹するしかありません。

私は長年カウンセラーの仕事をしていました。相談にこられた多くの親御さんは「それでは子どもの成績が下がるではないか」といわれます。でも、成績が下がって困るのは子どもであって、親ではない。勉強する、しないは子どもの課題であって、親はそれについて一切手出し、口出しはしないことです。

どうしても口を挟みたければ、方法がないわけでありません。例えば、こんなふうにいえます。

「最近のあなたの様子を見ていると、あまり勉強しているようには見えませんが、そのことについて一度、話し合いをさせていただけませんか」

こんなふうにいっても、子どもは「放っておいてくれ」というかもしれません。そんな時は怯《ひる》むことなく、こういってみてください。

「事態はあなたが思っているほど楽観できる状況だと思いませんが、いつでも相談したいことがあったらいってくださいね」。こう話して、子どものほうから「最近、勉強がうまく進んでいないので困っている」といってくるまで待つしかありません。

私の友人には中学生の娘がいました。ある日、学校から帰ってきたらひどく落ち込んでいたので、娘が学校で友だちともめたことがわかりました。そんな時、いつもは「つらそうだね」とか「どうかしたの？」と声をかけていましたが、私の言葉を思い出して、「お母さんに何かできることがあったらいってね」と伝えました。

すると、娘さんは「うん、ある。放っておいて」といったそうです。根掘り葉掘り尋問のように聞かれても嬉しくないでしょう。彼女はその日は何も話しませんでしたが、翌日晴れ晴れとした表情で学校から帰ってきました。そして、喧嘩をした友だちと仲直りできたと親に報告しました。友人はそれを聞いて、私は何もできなかったけれど、子どもが自分で自分の課題を解決できたのを知って嬉しかったと話していました。

では、部下の成績が上がらない、あるいは失敗を重ねるという事態が起こった時、これは一体誰の課題でしょうか。理論的にいうと、部下の課題です。子どもが勉強しないのと同じように、失敗をするのは上司の課題ではなく、部下の課題です。

しかし、企業ではそれは通用しません。上司と部下の場合、親子ほど簡単ではなく、部下が失敗することは、組織全体にとってデメリットであることは間違いないからです。部下からいってくるのを待っているわけにはいかないので、こちらから積極的に働きかけていくしかない。上司はもちろん部下に対して何かできますし、しないといけません。

失敗ばかりする部下がいたら、それは部下の課題ではなく、「上司である私に責任がある。上司の指導こそ問題だ」と考え、上司の課題と見なければなりません。

私は長年教師をしていましたが、学生の成績が伸びなかった時、それは教師である私の教え方に問題があるといつも考えました。そう考えればこそ授業のあり方を工夫できます。必要があれば、どこがわかりにくいか、普段の教え方でどこに問題があるかを学生と直接話し合い、授業方法を変えていきました。すると、学生の成績はどんどん上がっていきました。

私は奈良女子大学で、古代ギリシア語を教えていました。授業は週に一度、四月にアルファベットから教え始め、十一月には古代ギリシア語で書かれた原典を読めるようになります。プラトンの『ソクラテスの弁明』という対話篇をギリシア語で読めるのです。

私自身は、そのレベルにまで達するのに三年かかりました。でも、彼女たちはわずか八カ月で読めるようになる。なぜなら、彼女たちの先生のほうが私の先生よりも優秀だったからです。

上司は、自分を棚に上げてはいけない。部下のせいにしてはいけない。どんな部下であっても、「私に何かできることがあるのではないか」と考えなければいけない。そうでなければ、組織のあり方は変わらないでしょう。

自分に価値があると思える時にだけ、勇気が持てる

アドラーがこういうことをいっています。

「自分に価値があると思える時にだけ、勇気を持てる」（Adler Speaks）

でも、否定的な評価を自分に与えている人は少なくありません。「自分なんてたいした人間ではない」「私なんか取るに足らない」とか、「私さえいなければ、この組織はもっとうまくやっていけるのに」という人もいます。

この場合の勇気は、対人関係の中に入っていく勇気です。対人関係の中に入っていくのになぜ勇気がいるかというと、必ず摩擦が起きるからです。嫌われたり憎まれた

り、あるいは裏切られたりという経験をしないわけにいかず、傷つくのです。

ところが、その対人関係の中でしか、生きる喜びや幸せを得ることはできないというのもまた事実。幸せになろうと思ったら、傷つくかもしれないというリスクを負わないといけない。対人関係の中に入っていく勇気を持つ必要があるのです。

なぜ、その勇気が自分の価値と関係しているのかというと、自分に価値があると思ったら、対人関係の中に入っていかないといけない。わかりますか。自信がある人は対人関係の中に入っていくのです。

例えば、好きな人ができたら告白したくなるでしょう。自分の気持ちを訴えたいので、打ち明けたい。そうした時、自信がある人は果敢に告白します。

とはいえ、告白しても相手にされないことがあります。「あなたのことなんて全然気にしていなかった」「一度もあなたの存在に気づいたことがない」など、時に残酷なことをいわれます。そんなことをいわれて傷つくぐらいなら、初めから告白しないでおこうと決心をする人がいるとしてもおかしくないですね。

そのような時に「自分には価値がない」、これが告白しないことの理由になるのです。「自分なんかたいした人間ではないから、気持ちを受け入れてくれる人なんていない」と思ってしまう。でも、いってみないとわからない。告白したら思いがけず相手が自分の思いを受け入れてくれることだってあるわけです。

私が二十五歳の時、母が脳梗塞で倒れ、三カ月の闘病の末に亡くなり、父と二人暮らしになりました。父と同じ空間に居合わせるだけでもう空気が震えるというか、緊張してつらい日々を送ることになったのです。

その時に私には結婚を考えている人がいました。彼女と結婚したら、二人暮らしではなく三人暮らしになるので、この状況も何とかなるかもしれない。もちろん、そのために結婚したいと思ったわけではありませんが、一大決心をするきっかけにはなりました。勇気を出して結婚を申し込んだところ、思いがけず受け入れてもらえたのです。それが今の妻です。

人生にはそんな例もあるので、やってみないとわからない。でも、そういうリスクを冒さなければ幸せになれません。何とかして自分に価値があると思えるようにならないといけないと思います。

叱ることの弊害

そういう意味で、対人関係の中に入っていくためには、自分に価値があると思えることは大切です。そのためにもみなさんはリーダーとして、若い人たちが自分に価値があると思えるように援助をしていかなければなりません。そうでなければ、彼ら、彼女たちは仕事に取り組む勇気を持てない。対人関係の中に飛び込んでいく勇気を持てないからです。

どうしたら自分に価値があると思えるかというと、これは容易なことではありません。なぜなら、ほとんどの人が小さい時から叱られたりほめられたりして育ってきているからです。

部下が失敗すると、普通の上司は叱ります。その時、今やってしまった失敗について指摘するのであれば、部下のほうもこれはもう仕方ないと思うでしょう。ただ往々にして上司は「お前はいつだって、何をやらせたって駄目だ」と、それまでのことを持ち出します。

そういわれると、部下は自分に価値があると思えなくなる。しかも、自分に価値があると思えなくさせられたことを逆手に取って、いよいよ仕事に取り組まなくなることがあります。だから、自分に価値があると思えなくさせるという意味で、叱るという方法は非常に問題があると思っています。

叱ることの弊害について、いくつか指摘しておきます。まず叱ると、対人関係の心理的な距離が遠くなります。ちょうど望遠鏡を反対側から覗くように、目の前にいるはずの人がうんと遠ざかって見えてしまうのです。

ですから、若い人を叱りつけて、対人関係の心理的な距離を遠くしておいてから援助しようとするのは間違いです。上司であるみなさんが、知識もなく経験も足りない若い人にいろいろなことを教え、援助しないといけないのに、それが絶望的に不可能になってしまう。これが叱ることの二つ目の問題です。

三つ目の問題は、有効性です。叱ると、たしかに即効性はあります。今、問題行動を起こしている若い人がいたとして、きつく叱るとすぐやめる。すぐやめるのですが、同じことをきっと何度も繰り返す。つまり、即効性はあっても、有効性はないのです。

また、部下は叱られると表面上は「いい人」になり、大きな問題を起こさなくなります。ただ、大きな問題を起こさない代わりに、独創性も発揮できなくなる。自分で創意工夫をして何かをやってみようとは、決して思わなくなってしまう。

それに上司の顔色をうかがうようになります。叱られるか、叱られないかということだけを軸に行動を決めるようになり、自分で判断できなくなります。だから決して大きなミスをしません。ただし、そつのない言動をする分、スケールの小さい人になってしまう。これはとても大きな問題だと私は思っています。

学生の頃、私は学生オーケストラに入っていました。毎日大学に行き、勉強するというより、楽器の練習ばかりしていた記憶があります。私はホルンという楽器を演奏していたのですが、ホルンは非常に難しい楽器です。一番の失敗する要因はやはりプレッシャーです。緊張すると、音がひっくり返るというか、変な音を出す。演奏会で変な音を出している場合、大抵ホルン奏者だといっていいぐらいです。指揮者がこう指揮棒を振るだけで緊張します。

私にとって、理想的な指揮者がいるとしたら、指揮者の存在を感じさせないような指揮者です。指揮者がいても、自由に演奏できるのだという状況が作り出されていたら、皆伸び伸びと力を発揮でき、いい演奏になります。指導力があっても、いちいち難癖をつけ、欠点を指摘し萎縮させるようなリーダーの下で、部下は決して育たないと私は思っています。

「それはただの放任ではないか」と反論される人は多いですが、もちろん必要な指摘はしないといけない。放っておいていいはずがありません。でも、叱る必要はない。普通に言葉で指摘すればいいでしょう。きちんと言葉で説明すれば、若い人はそれを受け入れることはきっとできると思います。感情的になって叱れば叱るほどいよいよ反発するのです。

失敗はするけれど、自分で考えて行動できる若い部下を育てたくはありませんか。時には上司であっても、それは違うといえる部下と一緒に仕事がしたいと思いませんか。

失敗した時にこそ多くのことを学べます。ただ、失敗を何度も繰り返すことは非常に具合が悪いと思います。失敗を繰り返すことを何とかして避けないといけません。

私の親子関係の話になって恐縮ですが、子どもが二歳の時にこんなことがありました。二歳の息子がミルクの入ったマグカップを持って歩き始めました。足元がまだおぼつかない状態なので、次の瞬間に何が起こるかは誰でも想像できるでしょう。そこで多くの親は何も起こってもいないうちから大声を出して、「すわって飲みなさい」と叱ります。

我が家の場合、どうなったか。私は息子の様子を見ながら「こぼしても熱い液体が入っているわけではないから、やけどはしないだろう。ガラスのコップだと割れて危ないけれど、プラスチック製のマグカップだから床に落ちても割れはしない。まあ、大丈夫かな」と思っていたら、もう次の瞬間に床にミルクをこぼしてしまいました。わざとミルクを撒き散らしたわけではないので、これは「失敗」だったわけです。

だから、私は息子を叱りませんでした。どういう言い方をしたかというと、「どうしたらいいいと思う」と聞いたのです。この問いに対して答えられなかったら、もちろん教える用意はありましたが、息子は少し考えて「雑巾で拭く」と答えました。

失敗の責任の取り方は三つあります。雑巾で拭くというのは、その一つです。そのまま放置するのは具合が悪い。だから何とかして可能な限りの原状回復を図ることは必要です。息子がそう答えたので、息子自身に雑巾で拭いてもらいました。

二つ目は、そのことで感情的に傷ついた人がいれば謝ることです。これは仕事の場面ではよくあると思います。ただ息子のケースでは、私は傷ついたわけではないのでそれはパスしました。

そして、三つ目もあるのです。同じ失敗を何度も繰り返すのは非常に具合が悪いので、息子に「これからミルクを飲む時、こぼさないためにどうしたらいいと思う」とたずねました。どんな答えが返ってくるかと思ったら、少し考えて息子はこう答えました。「これからはすわって飲む」。これは正解でしょう。私は「ではこれからすわって飲んでね」といいました。少しも叱っていないことがわかりますね。叱らなくても、息子はきちんと責任を取ったのです。

部下との関係でもこうしていかないといけません。叱っても意味がありません。まして、親が子どものこぼしたミルクを拭いてしまってはまったく意味がない。子どもは「この親は自分が何をしても、尻ぬぐいをしてくれる」と学んでしまう。これは無責任を教えることになります。だから、自分は部下を叱ってきたけれども、部下に無責任を教えてきたのではないかと考えないといけないと思います。

叱るという行動には目的があるとアドラー心理学では考えます。部下が失敗した、だから叱った。こんなふうに思いたいかもしれませんが、そうではありません。叱ったり感情的になったりする時は、必ずそのことに目的があります。

上司が大きな声を出すのは、ただ部下にいうことを聞かせたいからです。そんなふうにいわれたら、反発しながらいやいや従うだけです。部下に自分の思いを伝え、それを実行してほしいと思うのであれば、叱るという感情に頼る必要はまったくありません。

では、叱る代わりに何をすればいいのか。具体的にいうと、お願いをするのです。これはみなさんぜひ一度やってみてください。命令形を使わない。「何々しなさい」は命令です。相手が「嫌だ」という余地を残さない言い方、「何々してください」ですら命令なのです。優しい言い方ですが、このようにいうと相手は断りにくいですから。

命令形を使わずにお願いをするのには、二つ方法があります。一つは、「何々してくれませんか」と疑問文を使うことです。「何々してくれませんか」といえば、いわれた人に断る余地があります。ただ、実際には気持ちよく聞いてくれます。

それからもう一つは、「何々してくれると助かるのですが」「何々してくれるとすごく嬉しいのだけれど」と仮定文を使うことです。これも相手に「嫌だ」という余地を残しつつ、割合よく聞いてくれるかなと思います。

これは実際に子どもとの関係でよくありました。私は三十代の頃、子どもの保育園の送り迎えをしていました。保育園に子どもを迎えに行った足で、そのままスーパーに買い物に行くのです。

子どもと二人きりで買い物に行くことは、できるものであれば避けたい。何が起こるか想像できるでしょう。お菓子売り場の前で、「あのお菓子がほしい」と子どもが泣き叫ぶからです。子どもは賢いので、親が「もうあなたなんか私の子どもではないから」などといってその場を立ち去っても、子どもはこの親が自分を見捨てることは絶対ないと知っているので、とことん戦います。結局、親は世間体を気にして子どもの言いなりになって、お菓子やおもちゃを買うことになるのです。

私は初めから買っていいと思います。今日は絶対に断れないなと経験上わかるからです。ただし、泣いている子どもの要求に屈してしまうと、また同じことをする。そこで私は息子にどう言ったかというと、「そんなに泣かなくてもいいから、普通に言葉でお願いしてくれませんか」といったら、子どもは泣きやんで「あのお菓子を買ってくれたらとても嬉しい」といいました。そういう言い方を子どもたちに教えれば、皆そういう言い方ができるようになります。

大人も普段から感情的にならないということは、大事なことだと私は思っています。職場でも、若い人たちとの関係の中でやはり同じことが起こりうるでしょう。リーダーである皆さん自身が感情的にならなければ、部下も変わってくると思います。上司に対して何かしてほしいこと、してほしくないことがあったら上司の顔色をうかがわず、萎縮せずに、きちんと言葉でいえるようになると思います。

それでもなぜ上司が部下に対して感情的になるかというと、目的があります。それは、自分が仕事において有能ではないと自覚している人が、仕事ではないところで部下よりも優位に立ちたいからです。

アドラーは「支戦場」という言葉を使います。「第二の戦場」という言い方もしますが、仕事の場である「第一の戦場」、本戦場に対して「支戦場」というのですが、本来、上司は仕事の場で有能であるべきです。有能であれば、部下はきっと尊敬してくれるはずです。

でも、心のどこかで「自分が優秀でないから、部下はあまり尊敬してくれないのではないか」と思っている上司は何をするか。支戦場に部下を呼び出して、そこで部下を叱りつけるのです。アドラーは「価値低減傾向」という言葉を使っています。自分の価値を高める建設的な努力をせず、仕事とはまったく関係ないところで、理不尽な仕方で部下を叱りつけることで、部下を萎縮させ、恐れさせることで、部下の価値を貶《おとし》め、相対的に自分の価値を高めようとすることです。

これが叱ることの目的なのだとアドラーはいっています。理不尽に叱りつける上司がいたら、ひょっとしたらその人はあまり力がない、仕事では力がないと言っても間違いないと思うし、部下のほうもそういうふうに見ていると思います。

そんなふうに見られたくないでしょう。だから、上司は理不尽に叱ってはいけないし、どんな場合も感情的になってはいけない。失敗した部下を感情的に叱るのではなく、必要があれば言葉で指摘し、改善点があればきちんと伝え、責任を取ってもらうことをしていけば、職場の雰囲気は明らかに変わっていくと思います。

部下のほうは部下のほうで、叱られることに目的があります。何度も失敗を繰り返す部下でも、きちんと学べば力がついていくし、失敗を繰り返さなくなるはずです。それでもなぜ同じ失敗を繰り返し、いつまでも叱られ続けるか。それは、仕事では認められないけれど、せめて叱られるという形で上司から注目されたいと思っているからです。無視されるより、いっそ叱られてでも注目を浴びたいのです。

叱られることのもう一つの目的は、責任逃れです。「あの時、本当は上司のやっていることがおかしいと思ったけれども、あまりにも怖かったので何もいえなかった」という言い訳をするために叱られているのです。そういう部下はいます。

ほめることの弊害

こういう話をすると、「ではほめればいいのですね」といわれる方が多い。最近は親子関係でも職場でも、ほめて育てようというのがほとんど常識化していると思います。

今はカウンセリングをする機会はあまりありませんが、カウンセリングをしていると、まれに子ども連れでこられる方がいます。ある女性のカウンセリングをしていた時、いつも一人でこられていたのですが、ある日、「今日は預かってくれる人がいなかったので、子どもを連れてきました。よかったでしょうか」と、三歳の子どもと二人でこられました。そこで子どもにも女性と同じ椅子を用意し、すわってもらいました。

カウンセリングでは大体一時間くらい話します。子どもが一時間もじっとしていられないと思ったお母さんは、子どものリュックサックにお菓子やおもちゃ、お気に入りのぬいぐるみを入れてきていて、子どもがぐずぐずいったらそれであやそうとされていました。

私の経験では、三歳の子どもは自分の置かれている状況の意味を理解できます。絶対に待てるのです。でも、大人が「この子は待てない」と思ったら、子どもは待てないふりをします。ぐずぐずいったり泣いたり、親が困ることをするのです。でも、「この子はきっと待てる」と思ったら、子どもは待つことができます。

この時の子どもも一時間、何事もなく待てました。おとなしく待つことができたのは初めてだったようで、帰りがけに母親は子どもに「偉かったね、よく待てたね」と声をかけていました。この場面を頭の片隅に置いて、もう一つの話を聞いてください。

カウンセリングにこられていたうつ病の男性は、一人できました。カウンセリングの間、あまり話されなかったし、声に力も漲《みなぎ》っていませんでした。一時間のカウンセリングが終わった時、「今日は何でお越しになりましたか」とたずねたら、「妻が車で送ってくれました。下の駐車場で車を止めてそこで待っている」といいます。「それならば、次のカウンセリングは奥様にも同席してもらっていいですよ」と告げたら、次の回は二人で一緒に部屋に入ってこられました。

カウンセリングが終わった時、夫は妻に「偉かったね、よく待てたね」とはいいませんでした。もしもそういわれたら、妻は馬鹿にされたと思ったでしょう。自分に価値があると思えなくさせるのがほめるということだと私は理解しています。

子どもに対してなぜ「偉かったね」といったかというと、子どもは待てないと思っているから。だから思いがけず待てた子どもに「偉かったね」といったのです。

叱ることもそうですが、ほめることも、実は対人関係の構えが横ではない、縦関係なのです。アドラーは一九二〇年代から「あらゆる対人関係は横の関係でないといけない」とはっきりいっています。ほめるというのは対等ではなく、能力のある人が能力のない人に、上から下に下す評価の言葉であると、アドラー心理学では考えているのです。

誰しも、たとえ子どもであっても、対人関係の下に置かれることを好みません。だから、部下たちをほめるのはおかしいのです。それは「あなたは無能だけれど、よくできたじゃないか、すごいね」という意味になって、対人関係の構えが縦、上下関係になるからです。こんな話を聞いてしまったら、もう二度と誰もほめることができなくなると思います。

自分に価値があると思えなかったら、対人関係に入っていく、あるいは仕事に取り組む勇気が持てません。だからほめることは逆効果なので、ほめるのをやめましょう。

ほめられていると、それを基準に行動を選ぶようになります。その意味では、叱ることとほとんど同じような弊害があると考えていいと思います。

ほめられないと適切な行動をしなくなるのも、ほめることの弊害だと考えていいと思います。ある小学校の話です。ある男の子が、廊下に落ちているゴミを見つけて、ゴミ箱に捨てた。もちろんそれは何も問題ない。ただ、ほめて育てられた子どもは、その場面で何をするかというと、一瞬まわりを見て、ゴミ箱に捨てるところを誰か見てくれているかどうかを確認するのです。もし誰も見ていなかったら通り過ぎ、先生が見ていることがわかったら、これ見よがしにゴミ箱に捨て、ほめてもらうことを期待するのです。

ある先生が、子どもがゴミ箱にゴミを捨てるのを見ました。放課後の学級会で、生徒たちを前に、その先生はこんな話をしました。「今日、先生が廊下を歩いていたら、あるお友だちが廊下に落ちているゴミを拾って、ゴミ箱に捨てているのを見ました。思わず『ありがとう』といおうと思ったけれど、よく考えたらいつも誰もいないところでもゴミを拾ってくれるお友だちはそのお友だちだけではないことに気づきました。だから、今日は誰もいないところでゴミを拾ってゴミ箱に捨ててくれるみんなに『ありがとう』といおうと思います。どうもありがとう」といったのです。

ほめずに、どういう言葉を先ほどの三歳の子どもにかければいいかというと、「ありがとう」といえばいいのです。「ありがとう」という言葉をかけるのにはわけがあります。それはアドラーが「自分が貢献したと感じられる時に、自分に価値があると思える」といっているからです。

つまり自分が役立たずではなくて、誰かの役に立てていると感じられる時に、自分に価値があると思える。これは皆さん経験していることだと思います。ですから、ありがとうはほめ言葉とは違う言葉だと理解しています。

ほめられるのではなく、「ありがとう」といわれたら、「そうか、私は一時間、静かにしていたことで親の役に立てたのだ」と思える。これが貢献感です。そんなふうに貢献感を持てたら、自分に価値があると思え、対人関係の中に入っていく勇気を持てるのです。そういう勇気を持てるように援助をすることを、アドラー心理学では「勇気づけ」といいます。ですから、「ありがとう」という言葉をたくさんかけましょう。

こう提案すると、たちまち反論する人がいます。親子関係でいえば、「私の子どもは朝から晩まで、私の神経を逆なでするようなことしかいわない。ありがとうといえるような場面がまったくない」と。職場でもそうです。「経験の足りない、失敗ばかりしている部下にありがとうなんていえない」といわれます。

これにはコツが二つあります。まず、同じ行為の適切な面に注目することが、同時に同じ行為の不適切な面に注目しなくていいような注目をすることです。同じ行動でも着眼点を変えるということです。例えば、高校生の息子が朝九時頃に起きてくる。その時「何時だと思っているのだ」と叱責しないで、起きてきたという、行動の中の適切な部分に注目するのです。「生きていてよかった」。そんなことに感謝できないと思うかもしれませんが、ベッドで冷たくなられていたら困りますよね。そう考えれば、時間は問題ではありません。朝九時という行動の不適切な部分ではなく、きちんと起きてきたという適切な部分に注目すれば、「ありがとう」と声をかけられるわけです。

多くの人は気づきませんが、どんな行動にでも適切な部分が必ずあります。いつも失敗ばかりの部下であっても、とにもかくにも出社してきたら、やはりありがたい。だから「今日もありがとう」とぜひいってください。

息子がこれを教えてくれました。昔、小学生の息子が夜遅く、「今日はありがとう」と突然声をかけてきました。「ありがとうといわれるような特別なことをしたわけではないのに、どういう意味でそういう言葉を発したのか」と聞くと、どこかに一緒に行ったからではない、何か特別なことがあったからではなくて、今日お父さんと一日一緒に過ごせたことに対してありがとうといったというのです。

私はそれまでそういう言い方をできることを知りませんでした。「今日は、ありがとうという言葉をそんなふうに使えるということを教えてくれてありがとう」という妙な会話をしたことを覚えています。行動ではなく、存在に注目すると、どんな人に対しても「ありがとう」という言葉をかけることができるのです。

だから、力がない若い人たちに対してもありがとうというのです。仕事が終わって帰る時も、「今日はありがとう」といいましょう。どんな行動も当たり前だと思わないでください。コピーを頼んだら、やはりありがとう、です。なぜ「ありがとう」というのかといえば、いわれた人に貢献感を持ってほしいからです。

貢献感を持てることで自分に価値があると思えたら、対人関係の中に入っていったり、仕事に取り組んだりする勇気を持てます。だから、あらゆる場面を見つけて、ありがとうといってみると、職場の雰囲気は必ず変わります。これは誰かが始めないと、職場は変わりません。

少し父のことを話させてください。父はアルツハイマー型の認知症になり、私と妻が自宅で介護をしていました。折に触れて父に「ありがとう」と言い始めたら、父が「ありがとう」というようになったのです。父は昭和三年生まれで、生涯にわたって家族にありがとうといったことがありませんでした。

私はある日、父の昼食を用意しました。すると父が「ありがとう」といってくれたのです。思いがけず、父からありがとうといわれたことが私は嬉しかった。食事の後、器を下げようとしたら、また「ありがとう」といってくれました。次に何というかわかりますか。「飯はまだか」です。脱力しますが、病気なので仕方がない。「今食べたばっかりやんか」などというと症状も悪くなるので、そういう時は「今食べたで」と事実をいえばいい。「あ、そうか」と引き下がってくれました。

家庭でも組織でも誰か一人がありがとうと言い始めたら、その家庭や組織は必ず変わる。だから、それを皆さんにもぜひやってほしいと私は強く思います。

承認欲求

また、こんな反論もされます。「人にありがとうということの意味はわかった。でも他の人は誰もありがとうといってくれないではないか」というのです。これは仕方がない。他の人にありがとうといっても、その言葉をそのまま返してもらえるかというと、たぶん返してもらえません。

皆さん家事をされますか。食事の後片付けは大変ですね。食器を洗い、生ゴミの処理までします。他の家族はもうすっかり寛《くつろ》いでいて、ソファで寝そべってテレビを見て、笑い声を上げている。そういう状態で自分だけが食器を洗っているという状況を想像してほしいと思います。

その時に「なぜ私だけがこんなことをしないといけないのだ。嫌だ、嫌だ」というオーラを漂わせながら食器を洗っていると、他の家族は手伝ってくれない。なぜなら苦行、あるいは犠牲的な行為だということを他の家族に知らしめているからです。

見方を変えてください。食器を洗うという行為は家族に貢献する行為です。家族に貢献したら、貢献感を得られます。自分が役に立てたと思える。自分が貢献しているように感じられたら、自分に価値があると思え、自分に価値があると思えたら勇気を持て、勇気を持ったら幸せになる。

「本当に私だけがしてもいいの？」と嬉しそうに笑いながら鼻歌交じりで食器を洗い始めたら、「そんなに楽しいことだったら私も手伝おうか」と他の家族がいってくれるかもしれないし、いってくれないかもしれないし、たぶんいってくれないでしょうが。

承認欲求は、貢献感があれば消えます。我々は承認されることを求めるという意味で、人に期待してしまう。ありがたいといわれるのを待ってしまう。それを期待してしまうと、がっかりするでしょう。リーダーの皆さんは部下からありがとうといわれることはまず期待できないかもしれない。でも、自分は部下の貢献に注目しようと決めておき、ありがとうというようになれば、部下がまねてくれるかもしれません。そういうことを誰かがやり始めると、いろいろなことが変わってきます。だから承認されようと思わないことです。

他の人に貢献しようと思えるようになるためには、他の人が怖い人だと思っていると駄目です。怖い人というのはあまり適切な表現ではないかもしれませんが、アドラーは「敵」という言い方をしています。他の人はすごく怖い人で、隙あれば私を陥れようとしている人だと思っていると、他の人に貢献しようとは思わないでしょう。貢献しなければ、貢献感も持てません。

そういうところがあったとしたら、他の人の言動を見直すことが必要です。部下でも上司でも、あるいは家族でもそうですが、他の人が自分に敵意を持っていると感じたら、他の人の言動に何かよい意図を見つけることが大事です。

私は父との関係はよくなかったので、ずいぶん苦労しました。母が亡くなり、二人暮らしになった時、父と外食ばかりしていました。外食はお金がかかるし、近所中の店に行き尽くしてすぐに飽きてしまいました。

当時、私も父も料理が作れませんでしたが、父がある日、「誰かが作らなあかんな」といいました。父のいう「誰か」の中に父自身はカウントされていませんでしたから、私は「おまえが料理を作れ」という意味だと理解して、料理を作り始めたのです。

ただ、指導してくれる人がいなかったので、『男の料理』という本を買ってしまった。これが休日のお遊びの本でまったく役に立たない。その中に、カレーライスの作り方が書いてありました。小麦粉から炒める本格的なカレーです。レシピ通りに三時間かけて作った時に、父が帰ってきました。

私が三時間かけて作ったカレーをひと口食べてこういいました。「もう作るなよ」と。ひどいでしょう。「せっかく作ったのに、どうしてそんな言い方をするのか」と思いました。そういう父の言動に対して、言葉に対して、よい意図を見つけていかないと、父のために貢献しようとは思えません。

そのために父を変えることはできない。私しか変えられません。まわりの人を変えることはできない。私の感じ方、考え方を変えていくしかないのです。父を責めても、喧嘩をしても始まりません。

そこで、父がそういう言葉を発した背景によい意図はなかったかを考えました。それを理解するまでに十年かかりました。当時、私は大学院の学生だったのですが、「おまえは勉強しないといけない。だからもうこんな手の込んだ料理を作るなよ」といいたかったということに思い当たったのです。

父の言葉は短く、関係もよくなかったので、「もう作るなよ」といわれた途端に、てっきり「まずい料理は作るな」という意味だと思い込みましたが、後に父との関係が改善するにつれて、あの時の父の言葉はそういう意味ではなかったと、やがて気づくことになりました。

対人関係をよくしようと思ったら、部下との関係であれ、家族との関係であれ、必ずよい意図を探さないといけないと思います。そんなふうにまわりの人を、あるいは自分自身を勇気づけていくことで、自分に価値があると思える。あるいは、部下に対して勇気を持てる援助をして、仕事に積極的に取り組む。あるいは対人関係を恐れずに、対人関係の中に入っていく勇気を持ってほしいと思います。

部下たちは「あの上司は自分が直面する、自分が取り組まなければいけない課題から決して逃げないでいる」と思うでしょう。そうした姿を見た時に、その上司の勇気が部下に伝染していくのです。

だから、悔しいと思うかもしれませんが、部下をどうこうではなく、まず自分自身が課題に直面する勇気を持っているということを、身をもって示すことでしか組織は変わらないし、部下たちも変わらないだろうと思います。

競争について

仕事の場面でも、社会生活の場面でも、他人を犠牲にしてでも自分だけが幸せになろうと考える人に遭遇することがあります。こういう人にどのように対応をしたらいいのでしょうか。

それには競争という意識から脱却するしかありません。他の人を出し抜いても、競争に勝つことで自分が優秀である必要はないのだといっていくしかないでしょう。

私は五十歳の時に心筋梗塞になり、冠動脈のバイパス手術を受けました。全身麻酔をして、心臓を止めての大手術です。胸骨を電動ノコで切り開くのです。あまりの激痛に手術中に覚醒する人がいると聞いたことがあります。とにかく大手術に耐え、術後三日目で歩かされました。早期離床というのですが、すぐに起き上がってリハビリに入らないといけないのです。「病院の中で倒れていたら誰か発見してくれるから歩け、歩け」といわれて、一生懸命リハビリに励みました。

とはいえ、とにかく痛いので胸を押さえながらとぼとぼ歩きました。ある日、六十メートル歩いた。その前後に検査をして異常がなかったら、翌日は百メートル歩けといわれる。やがてそれが二百メートルというふうに距離が延びていく。これを平地歩行といい、次の段階として階段歩行を始めます。上の階まで昇って、自分のベッドまで戻ってくるというリハビリです。

アドラーは「優越性の追求」という言い方をします。より優れた自分になろうと思うことです。リハビリでは、私は他者と競争していません。他者と競争していない限り、自分が今の状態よりもより優れた自分になろうと努力するのは大切なことです。

その区別はやはりはっきりいわないといけない。他の人と比べて、よりよくなるのではなく、自分自身を前の状態と比較して、よりよくなる努力をすることは大事なことですし、そういう努力はぜひ続けてほしいと思います。

場合によっては、ライバル的な存在があってもいい。あるいは、あんな人になりたいと思う人がいてもいいでしょう。でも、その人はライバルかもしれないけれど、決して競争相手ではありません。自分だけが助かっていいことなどない。核シェルターを作って自分だけ生き延びても、一カ月して地上に戻った時、誰もいなかったら意味がないでしょう。

芥川龍之介の短編小説に『蜘蛛の糸』という作品があります。蜘蛛の糸をたどって極楽に行こうとしたカンダタという罪人が、ふと下を見たら、同じような人がたくさんつかまっている。「そんなふうに上ってきたら切れるじゃないか」と叫んだ途端に、ぷっつりと蜘蛛の糸は切れてしまったという話です。自分さえよければいいという考えは、実は自分にとってだけではなく、組織にとってもデメリットだということを話してみてはいかがでしょうか。

嫌われる勇気とは

嫌われることを恐れるあまり、人にいいたいことをいわない、あるいはいわないといけないことをいわない。そのことが組織にとってマイナスになることがあります。

相手が上司でも同僚でも部下でも、職場で大事なことは、「誰が」ではなくて、「何が」いわれているかに注目することだといつも考えています。たとえ相手が上司であっても、「それは違うのではないですか」という勇気を持たないといけません。嫌われる勇気とは、人から嫌われることを恐れるなという意味なのです。

自分の人生を生きるためには、人からどう思われるかを気にしている限り、自分の人生は歩めません。韓国で講演をすると、若い人たちが「好きな人がいるけれど、親を悲しませたくないから自分の好きな人とは結婚できない」といいます。

私は「どんなに親が嘆かれても困られても、それは親が自分で何とかしないといけない課題だから、あなたがそれを引き受ける必要はない。最終的にはあなたが幸せになったら、それが親孝行なのです」という話をします。反対にそうしなかったら、自分の人生を生きられません。

避けなければならないことが二つあります。

一つは、いうべきことをいわないこと。その場で本当にいわなければならないことをいわずに、自己保身に走ること。これは絶対避けないといけないことだと思います。

二つめは、例えば、結婚相手との生活がうまくいかなくなった時に、誰かのせいにすることです。これはずるいと思います。自分の人生ですから、自分が自分の人生に責任を取るしかありません。

私はかつて大学で古代ギリシア語を教えていました。学生が「もっと簡単なテキストに替えてもらえないですか」といったとしたら、却下します。なぜなら、学生がどんなにその教科書に不満を持っていても、使ってほしくないといっても、私は専門家の見地から、この教科書でないといけないとはっきり断言できる。ですから、学生のそういう要求に屈することはありません。

ただし、どんな授業の仕方をするかについては、年度初めに必ず学生に相談します。教師が一方的に講義をし、学生はそれをただ聞くだけにするのか、あるいは練習問題を解きながら、必要があれば文法について解説を加えるという双方向の授業をするか。相談の上で、教師と学生との間で合意が取れればその形で授業を進めます。

会社の経営でも同じだと思います。部下からどんな不満があがっても聞く耳を持たず、嫌われる勇気を持って進めないといけないとやってしまうと、組織はうまく動かないでしょう。どこまで譲れるか、あるいはどういうことなら譲れるかをきちんと話し合う必要があると思います。

第3部

リーダーシップについてのダイアローグ

よりよきリーダーたろうとする企業人との対話

第3部は、二〇一九年十二月、「日経トップリーダー」の読者七人と行った、合計約五時間に及ぶ対話会の内容を採録しました。

若手の打たれ弱さと、中堅の頑なさについて

質問者　小さな会社を経営していて、社員の指導に悩んでいます。新入社員は打たれ弱く、営業で顧客に断られるとショックで一歩も前に進めなくなってしまいます。一方で、中堅社員や古参社員には時代に合わせて自ら変革することを期待しているものの、なかなか受け入れてもらえません。それぞれどのように接すればいいのでしょうか。

私が知っている若い人に、四月に入社した会社を、五月の連休を待たずに辞めた人がいます。東京の会社に就職したのですが、早々に京都の実家に戻ってきました。そんな時期に私は彼と出会いました。「なぜ辞めたのか」と聞くと、「飛び込みで営業をさせられたからだ」といいます。上司は口では「契約を取ってこい」と命令するものの、それを部下がやり遂げるとは思っていない。それでも新人教育の一環としてやらせていたらしいのです。

彼は会社を辞める決意をしたもう一つの理由として、「先輩や上司を見ていても少しも幸せそうではないから」と話していました。これが決定打だったようです。

彼は決断力があるので、「もうここでは無理だ。この会社にいたら三十歳でマイホームは建つかもしれないけれど、四十歳で墓が建つ」と思い、早々と退職しました。その後、彼は友人が起業したので、その仕事を手伝うといって再び東京に行きました。それから二度と私のところに現れないので、きっとうまくやっているのだと思います。

こうした若者を指して、「今の若者はメンタルが弱い」などと片付けてしまったら何も変わりません。若い人の問題を考える時は、若い人のメンタリティというより、我々の関わり方を見たほうがいいと思います。ただ頑張れでは若い人はついてこないと思いますし、あえて挫折を体験させることで若い人たちを鍛えようなどという一昔前の指導では駄目でしょう。

――では一体どうしたらいいのですか。

失敗しても引き戻せるということを強調しておくことです。何かをすると決めた時、それが先々どんな結果になるかは誰にもわかりません。だから部下には「やってみてうまくいかなかったら、いつでも立ち戻れて、別の道を選べる」といっておかないといけません。

上司自身も「一度決めたからには最後までやり遂げないといけない」という思い込みから自由になる必要があります。進路変更をすることは決して恥ずかしいことではなく、むしろ勇気のあることだと上司がまず知っておくことです。

——社員が「やりたい」といっていることが、明らかにうまくいかないとわかっていても、やらせたほうがいいということですか。

若い人が失敗した時、大人たちが「ほら見ろ。失敗すると思った」といった態度で接していると、反発されます。「わかっているなら、初めからいってくれよ」という話です。明らかに失敗するとわかっているのなら、「これは自分の考えでしかないが」という前置きをしてから、自分の考えを部下に事前に伝えることは必要かもしれません。

その上で「今の時点で本当にうまくいくかどうかは私にもわからない。もしもうまくいかなかったら、そこでもう一度考え直そう」といっておけば、部下も立ち止まる勇気が持てるでしょう。仮に失敗しても、「お前の考えが浅はかだったのだ」といってはいけないし、そういう思いで部下と接してはいけません。

――やはり対話が必要なのですね。

そうです。対話や話し合いは大事です。多くの人の話を聞いていると、あまり言葉を使っていませんね。言葉を使って、きちんと話し合いをすることが大切だと思います。

――きちんと話し合うというのはどのレベルですか。

お互いに納得するまで話し合うことが必要です。「時間がない」というのは許されません。しっかり時間をかけ、暫定的にでも「よし、それだったらやってみよう」とお互いが思えるところまで話をしないといけません。

アドラー心理学では「論理的結末」という言い方をします。話し合いによって結末の予測をすることです。実際、起こってからでは遅いことは山ほどあります。わかっていることであれば、初めからストップをかけたほうがいいと思います。

でも、「今のままだったらどうなると思うかね」といった言い方をすると、皮肉や威嚇、挑戦に受け止められてしまうかもしれません。日頃の関係が悪ければ、なおさらです。だから、普段の関係のよさが決め手になってきます。

上司と部下の関係が決して上下関係ではなく、対等の関係だということをわかっているかどうかです。対等の関係だとしたら、若い人も決して皮肉をいわれているわけではないし、試されているわけでもない。余計なことを考えて斜に構えなくていいとわかって、率直に話ができると思います。

「今の私の言い方はどうだったか」と聞くことです。絶えずフィードバックを得る。「そんな意図はなかった。傷つけたつもりはない」「そんなきついことをいったつもりはない」というのは通用しない。相手がどう受け止めたかが大事なのです。

私は子どもと話す時によく「今の言い方はどうだったと思う?」と聞いていました。

息子に「いや、いまいちだな」といわれると、「そうか。じゃあ、どういう言い方をしたらよかった?」とたずねるといったやりとりをしていました。

きちんと言葉でやりとりをして確認をしていったほうがいいです。困ったことに、この人にはこの言い方で通じたけれど、あの人には通じなかったということがいくらでもあるからです。

少し話がそれるかもしれませんが、私のように「若い人や子どもをほめてはいけない」と言い続けていると、よく聞かれることがあります。

「若者が、こちらが思いもかけないことをやり遂げた時につい『すごいね』といってしまいますが、これはほめ言葉ですか」という質問です。結論からいうと、相手次第です。それをほめ言葉と受け止める人もいれば、そうではない人もいます。

私の娘は最近になって、私が子育てについて書いた本を読み始めました。娘自身が親になったからだと思います。その娘にこう質問されました。「本の中に『ほめてはいけない』と書いてあった。子どもが立ち上がった時に、私は思わず『すごいね』といってしまったけれど、これはほめ言葉に当たるのか」と。それを確認するには実際には難しいですが、本来は相手に聞いてみるしかありません。

私の息子が四歳の時に、プラレールというレールを組み立てるおもちゃで遊んでいました。部屋いっぱいに非常に複雑なレールを組み立てたのを見て、妻が息子に「すごいね」といいました。すると息子は「大人から見れば難しいように見えるかもしれないけれど、子どもからすれば決して難しいことではない」といって、組み立てていたのを中断してしまいました。おそらく頼んでもいないのに評価されたと思ったのでしょう。

息子はそうした反応でしたが、子どもによってはそういわれると、やる気を出すかもしれません。だから「今『すごいね』と思わずいってしまったけれど、あなたはそれをどう受け止めましたか」とたずねてみる必要があります。結構厄介です。教育は手間暇かかりますが、その手間暇を惜しんではいけないのです。

中堅社員や古株社員についての悩みもうかがいました。時代に合わせて自らを変革することを願われているものの、相手が変革を受け入れられないということでした。

変わることを恐れる人は多いです。古株や中堅の人だけではなく、若い人にも変化を非常に恐れる人が多くいます。なぜ恐れるかというと、違うことをすると次の瞬間、何が起こるかわからないからです。若手でも古株でも変革を恐れる人がいるとすれば、そういう恐れを持つ必要はないと、上司は言葉を尽くしてきちんと説明しなければいけません。中堅だから、古株の社員だからというふうに片づけないほうがいいだろうと思います。

思いを伝えることについて

質問者　それなりの規模の病院を経営していますが、経営者の私の思いが社員になかなか伝わらないのが悩みです。

私は社員の成長と幸せな人生を願い、人材育成やコミュニケーション活性化のためにかなり投資してきました。しかし私の思いとは裏腹に、よかれと思って研修を実施しても、社員からは「役に立たない」「負担だ」という反応が返ってきます。

また、自分なりに私の考え方を社員に伝えているつもりなのですが、「理念やビジョンが不明確」とか「社長は何を考えているのかわからない」といった声も聞こえてきます。

どうしたら私の思いが伝わるのでしょうか。

思いは伝えないといけませんが、独りよがりになってはいけません。必ず確認を取ることです。今、自分が話したことがどのぐらい受け止められているかを確認しないといけません。

経営者のあなたに、社員の声が届いているのはいいことです。不平不満をいうことすらできない職場は一番困ります。不平不満が生じた時に、それを伝えられる雰囲気が職場にあることが大事で、絶えず耳を傾けなくてはいけません。

こちらの考え方が伝わらないこともあれば、社員が考えていることがわからない時ももちろんあるでしょう。先ほどの質問者への答えの中でもいいましたが、それはもう言葉を尽くして、きちんと手間暇をかけて伝えないといけないのだろうと思います。

先ほどの質問で、上司と部下の普段の人間関係のよさが大事だといいました。よい人間関係といえるためには四つの条件がいります。

一番目が相互尊敬です。お互いに尊敬しているかどうか。相互という言葉を使いましたが、私が部下を尊敬できているかどうか、部下をありのまま受け入れているかどうかが先にあります。そこがよい人間関係といえるための最初の条件です。

二番目が信頼です。これも相互信頼といっていいと思います。ここでもやはり、上司の私が先に部下を信頼することです。

この信頼には二つの意味があります。

一つは「課題を解決する力があると信じる」ことです。例えば、上司が部下の代わりに仕事をしなくても、部下がきちんと自分で仕事をやり遂げられると信頼することです。

雑誌の編集長が「部下の締切前の原稿を見たらとても使いものにならなかったので、私が書き直しました」と話していました。それをやってしまうと部下は伸びません。たしかにリスクはあります。締切に間に合わないと困りますから。それでも若い人はきちんと仕事ができるのだという信頼を持たないといけないし、その信頼に応えるべく部下はきっと努力するだろうと思わないといけません。

信頼のもう一つの意味は、「よい意図があると信じる」ことです。

例えば、部下から、「すごく負担に感じている」とか、「あなたのいっていることは全然わからない」といったことを面と向かっていわれたらムッとするし、嫌な気持ちになるかもしれません。しかし、これにはよい意図があると信じられないといけない。つまり、「この会社によかれと思って、この部下は自分の考えをはっきりと表明しているのだ、決して私に悪意があって、嫌な思いをさせるためにいっているわけではないのだ」と信頼することです。

よい人間関係の条件に戻ると、三番目の条件は、コミュニケーションが取れること、協力関係があることです。何事も上司が決めるトップダウンは駄目です。必ず部下の声を聞く。新しいプロジェクトを始める時は、上司が部下に「こうしよう」と持っていくのではなく、皆で取り組む。うまくいかなかったらそこで立ち止まって考え直し、新たな提案をする。上司と部下がそれぞれの役割分担の中で発言し、やり遂げていく。そういう協力関係ができていることがよい人間関係の三番目の条件です。

四番目が、目標の一致。結局我々の仕事は何を目標にしているのか、もっと広くいえば、我々がこうやって働いていることの目標が何なのかというところで、一致が見出されていないと、関係はよくならないのです。

例えば、恋愛関係でも大学時代に付き合っているうちはそんなに大きな問題は起こりません。四年たって卒業する年齢になり、二人の郷里が遠く離れていると気づいた時に、これから私たちはどうするかという相談をしないといけなくなります。

遠距離恋愛をするのか、一緒に住むのか。一緒に住むならどこに住むか。そういう話し合いをしないといけない。そこで目標の一致ができていなかったら、先ほどの三つの条件がクリアできていても、関係がよくならないのです。

我々の仕事が一体何を目標にしているのかというところで一致が図れていないので、ぎくしゃくした関係になるのだと思います。

例えば、患者の立場にある時、ドクターとの間によい人間関係を築くのは至難の業です。専門知識を持っておられるのはわかるのですが、この先生に自分の身体を委ねようと思えるまでに時間がかかります。

私は心筋梗塞を十三年前に患い、心臓カテーテルで何とか一命を取り留めました。その後、まだ動脈に狭窄箇所が残っているということで、翌年、今度はカテーテルではなく、バイパス手術を受けました。手術中はぴくりとも身体が動いてはいけないので、心臓を止めてほとんど仮死状態で行います。
ドクターはたくさんの症例を経験しているので、これくらいのオペは平気なので
しょうが、患者である私は心臓を止める手術となるとかなり怖かったのです。手術当
日の朝の回診で、執刀医から「笑っているけれど、本当は怖いだろう」と聞かれて、
「先生、怖いです」と言葉にしたら、すっと気持ちが落ち着きました。
その時、ドクターは「君は怖いかもしれないが、俺は自信満々だ」と返してくれま
した。仮に何かあった時に責任を取らなければならないので、普通はそういうことを
いわないですよ。「手術では何が起こるかわからない」ではなく、「俺は自信満々だ」と
いわれたから、この先生に身を委ねようかという気持ちになったのです。自分の弱さ
をわかってくれていて、しかも自分には自信があると表明してもらってありがたかっ
たです。
聞けば、そのドクターは自分の父親の心筋梗塞の手術もされたそうです。普通、肉
親の手術はできないという話を聞いたことがあったので、驚きました。先生は「親の
手術なんて簡単だ。手術をしている時に親のことだけ考えていたらいい。でも、君の
手術をする時にはそういうわけにはいかない。奥さんのこともお子さんのことも親御

さんのことも考えて手術をするから本当に大変なのだ」といっていました。

私は最初、物体としての私の身体にメスを入れると思っていたけれど、先生は私という個人を見て、私という人間の身体にメスを入れていたとわかってすごく恥ずかしくなりました。

上司と部下でも対等に見てもらっているとか、個人として見てもらっているという思いが伝わると、対立構造にはなりません。

医師と患者も立場は違うけれども、私の身体をよくする、治すという一致した目標のためにそれぞれの立場で頑張るわけです。

患者も何もしていないわけではなくて、すごく頑張っています。麻酔はかけられているけれど、やはり患者は自力でよくなろうとする意識がないといけないでしょうし、身体もそういう手術に耐えられるように持っていかないといけない。私は一年かけて体重を十キロ落としました。それは一年後に手術を受けることがわかっていたからです。人間は本気を出したら何でもできます。

命が懸かっていますからね。私は患者の立場でやれることをした。ドクターは専門の知識、技量で手術をした。そうやって協力関係になることで、今日皆さんの前にこうやって立つことができたわけです。役割が違っても人間として対等であるというのは、言葉では簡単ですがなかなか難しいことです。

あともう一つ、「知っている人」と思われると、よい人間関係が構築しにくいかもしれません。ソクラテスは無知の知、今は無知の自覚という言い方をしますが、自分が何も知らないことを知っているというのは大事だといっています。対人関係を築く時に、相手が知者だと思ってしまうと、相手に判断や決断を全面的に委ねてしまう。そこに上下関係ができてしまうことが多いのです。

若い人が年長者を牽引者として見てしまっても、そこで対人関係がうまく築けなくなってしまいます。ドクターだともちろん専門知識を持っていますし、私もカウンセラーだからいろいろな知識があります。ただ、それと人間としての関係はまったく違うし、専門知識を持っている私でも間違うかもしれません。

動脈をカテーテルが通過している時の患者の痛み、不安感をドクターは知りませんよね。そういうことも自分は知らないのだと思って手術に臨めるドクターと、そういうことをまったく気にも留めないドクターでは、やはり信頼関係が築けるか築けないかの違いがあります。

若いドクターは元気で大きな病気をしたことがないから、死を間近にしている、ひょっとしたら明日死ぬかもしれないと不安に駆られている患者の気持ちをわかるかというと、わからないでしょう。若いドクターが、私はそういうこともわからないで、自分よりも高齢の、親ぐらいの患者さんの治療をしているのだと自覚するのと自覚しないのでは大きな違いがあると思います。

――きちんと手間暇をかけて伝えないといけないというのはその通りだと思います。ただ経営者は忙しい。他の社長もそうだと思いますが、なかなかその時間が取れないのが実情です。どうしたらいいでしょうか。

やはりコミュニケーションを取らないといけないし、時間をきちんとかけないといけません。それが理想です。

ただ、現実と照らし合わせると、それはとても無理だというのもわかります。

しかしながら、現状を追認しているだけでは、今の状態を変えることにはなりません。だから理想主義は叩《たた》かれるのですが、理想は現実性がないから理想なのです。実現できていたら、理想ではないわけです。だから、もっと時間をかけて、手間暇をかけて教育する、話を聞くべきだという理想があったとしたら、それに向けて少しでも改善していく努力をしていくしかありません。

はしごも架けずにジャンプをして二階に上ることはもちろんできないので、できるところから少しずつやっていくしかない。初めから「これは無理だ」と思って諦めないことが大事だと思います。

ほとんどの人が「先生の話はすごくよくわかります、でも」といいます。英語でいうと、「yes, but」です。「はい、わかりました、でも」といった時点で、しないと決めているといって間違いありません。どうしようか迷っているわけではないのです。

カウンセリングにこられた人に、「でも」といわないトレーニングをすることがあります。「でも」といったら、「今日、『でも』といったのは何回目ですか」と聞いて、「でも」といってしまうことの意味を伝えます。すると、「でも」といわなくなります。意識を向けると、行動は変わっていくのです。

「でも」という人は、アドラーの言い方では劣等コンプレックスがあるということになります。劣等コンプレックスとは、AだからBできない、あるいはAではないからBできないという論理を日常生活で多用することをいいます。

時間がないから社員とコミュニケーションを取る時間が作れない。わかります。もちろん一気にすべて解決できません。それでも、少しずつ改善していく努力をしていかないといけません。

どういう狙いで研修を実施しているのかを社員にきちんと説明することです。これを決してあなたたちに強要しているわけでも、無理強いをしているわけでもない。「研修なんて面倒だ」と思うかもしれないけれど、これが結局は自身の成長や、職場環境をよくすることにつながるのだと話せばいいと思います。

――それでもやっぱり時間がありません。

であれば、そういう時にどうしたらいいかという相談をするべきなのです。時間がないことは皆わかっていることだから、そういう現状をどうするかを上司と部下が一緒になって考えるしかない。すると、上司が思いもつかないような解決方法を提案してくる部下が絶対に出てきます。

——そういうものですか。

そういうものです。上司が全部やろうと思わないことです。親子関係でも同じです。「子どもが問題行動を起こしたら、どうしたらいいでしょうか」と助言を求められた時、私は「それはもう子どもと相談するしかない」といいます。この回答には皆さん驚かれます。「子どもに相談をしていいのですか」と。

では誰に相談をするのですか。私に相談をしてこられても困ります。「うちの子どもが万引をしたみたいです。なぜ万引をしたのでしょうか」と私に聞かれても困る。それは子どもに「親である私たちもどうしていいかわからないけれども、どうしたらいいと思う?」と聞けばいい話です。

相談を持ちかけ、協力作業ができること自体が大事なので、ひょっとしたら問題解決につながらなくても、そういう協力関係があれば職場環境は次第に変わっていくでしょう。

――岸見先生のセミナーにきて、アドラーを学んででも何とかしたいと思っているぐらい真剣だと、部下に相談すればいいということですか。

「Courage to be imperfect」。アドラーは「不完全である勇気」という言い方をします。セミナーに参加したからといって、すぐに何もかも変われないでしょう。明日出社したら、「こういう研修を受けていろいろと改善したほうがいいのではないかということに思い当たった。これからはそれを踏まえて、少しあなたたちとの接し方を変えていこうと思うので、よろしくお願いします」と伝えるといいと思います。ひょっとしたら変化に気づいてくれるかもしれません。そうやって少しずつ関係改善を図っていったらいいと思います。

上司やリーダーは不完全である勇気を持つことです。部下は、率直に自分の不完全さを認める上司に信頼を寄せるのです。

質問者　私の会社には五十人のスタッフがいます。誕生日に四、五年ぐらい前から手書きでメッセージを書いています。受け取った後、男性はほとんど何もいってきませんが、女性は感想を聞かせてくれます。これがきっかけでよくなった関係もあります。ただ、今年の忘年会である社員から、「社長の文を読んで腹が立った。ちゃんと自分のことを見ているのか」といわれました。

たしかに五十人すべてに間近に接しているわけではなく、直属の上司から評価を聞いて書いています。つまり見てはいません。それに文章を書くのは一方通行で、対話ではない。そのあたりはやはり限界があるのかなと思います。皆が喜んでくれているだろうという勝手な思い込みも反省しなければいけないのかなと思いましたが、どうなのでしょうか。

それは聞いたほうがいいです。「こういうことをしたけれど、どう受け止めてくれた?」と。やはり聞かないといけないですね。

——そうなのですね。私が社員にメッセージを送る時には、単純にほめるだけではなく、上司の評価、具体性がある根拠を引っ張ってきて書くようにしています。そのために、考えてみれば書くのに一時間近くかける時があるのですが、それくらいなら一時間会話したほうがいいのかもしれないと思いました。もらうほうは嬉しいと思っていたのですが。

それは内容によります。大切なのは相手がどう受け止めるかです。ひょっとしたら、ほめられると嫌だという人がいるかもしれないし、自分はそこまでできると思っていないのに過分にほめられて居心地が悪い人もいるかもしれません。

――その社員は、特に失態を繰り返してきた人間だったので、一生懸命、どこかいいところを見つけてやろうと思ってメッセージを書いたのですが。

そういう時は、その現状をいったほうがむしろ喜ぶ人はいるかもしれません。

以前、スポーツの指導者の前で講演したことがあります。その時に私の高校時代の話をしました。

高校時代の三年間、毎週土曜日に柔道の授業がありました。

私は学校に体育と運動会がなかったらどんなに幸せだろうと思っていた人間です。

その授業も苦痛で苦痛で仕方がなかったのです。

柔道の先生が新しい技を教える時、いつも私がモデルを務めていました。一番身体が小さかったからです。みなさんは「返し技」をご存知ですか。先生は柔道八段で、大外刈りを返す技を私に教えてくれました。「これから大外刈りをかけるから、私のいう通りにやれ」といいます。そんな技は一度教わったぐらいではうまくできないのですが、私が拙い返し技をかけると、先生は派手に転がってみせて、「すごいぞ」というのです。

もちろん、私の実力で倒したわけではなくて、先生が大げさに倒れ、私の技のかけ方がすごくよかったと皆の前でいうのです。私はただただ恥ずかしく、ほめられてもまったく嬉しくありませんでした。

次の年の先生は天理大学出身の若手の柔道教師で、彼からは遠慮なしに投げつけられました。そのほうが私は嬉しかったです。

公然とほめられた人も結構しんどいものです。昔、授業中に先生が黒板に書いたスペルが間違っていることを指摘したら、先生がわざわざ「岸見君が今、私の間違いを指摘くださいました」といいました。私にしてみれば、別にそんなことをいってほしくはないわけです。
社長が社員をほめた時にも、もしかしたら、そういうような居心地の悪さを感じる人がいるかもしれません。でも、もちろんそうでない人もいて、そういう人は嬉しいのだと思います。

――たまたま一人の社員に「読んで腹が立った」といわれて、ひょっとしたら他にもいるのかと心配になったのです。

その社員の方が率直に自分の感想をいわれたことはありがたいですね。内容そのものは少々耳障りというか、不快というか、嫌だったかもしれませんが、そういうことをいわないよりはいわれたほうがいい。だから率直に感想をいってほしいということも伝えておいたほうがいいと思います。

――そうですね。その機会を持とうかなと。

私が入院した時、今年晴れて看護師になったという青年がいました。彼は一人ひとり、自分が関わった患者に手紙を書いていました。私も受け取りましたが、書くのに一時間かけたのではと思えるような長い文章で、驚きました。彼が一年目だけではなく、その後もやってくれていたらいいなと思います。最初はそういう熱意があっても、だんだん忙しくなってできなくなるのかもしれません。

彼がそういうふうに手紙を書いてくれたことが私は嬉しかったのです。だから、あなたの手紙も皆が皆、嫌だという感想を持たれたわけではないと思います。

手紙を書く時は相手のことを思って書くでしょう。これは大切で、もらったほうはやはり嬉しいですよね。そういう思いが伝わればいいなと思います。効率のことはあまり考えないほうが本当はいいのですが、もしもどうしても必要だったら時間を決めることができます。時間を決めてその枠内で話をするという新しいシステムを考えてもいいでしょう。人それぞれいろいろな受け取り方があるので、フィードバックを求めないのは危ないと思います。

――どんどん社員が増えていくと、だんだんと関係性が薄くなります。私一人ではやはり限界があるので、私と同じように部下を思ってくれる部下を作っていくのが社長の私の役割だと思っています。

たしかに組織が大きくなると、どうしても関係性が希薄になりますよね。

私は海外にもよく講演に行きましたが、聴衆は韓国では三千人、中国だと五千人ということがありました。そうなると、巨大ディスプレーからしか私の顔が見えない人が大勢います。

そういう場合でも「皆さん」と呼びかけたら駄目なのです。一人ひとりに話していると思って話さないといけません。そうすると聞いている人は、「あ、今日はこの先生、私に向かって話をしてくれた」と思える。すごく大事です。実際は皆さんと話しているわけですが、一人ひとりに向かって話しているのだと意識を持っていかないと、聞いている人は自分に話されてないと思ってあまり真剣に聞かないことになります。

もう一ついうと、あまり大きな声で話さないほうがいい。大きな声の人の話は聴衆が皆、安心しすぎて、集中して聞けなくなってしまうからです。少々聞き取りにくいとか、滑舌の悪い、声が低かったり、小さかったりする人の話であれば、前のめりになって聞くでしょう。そのほうが絶対にいいと思います。

ミルトン・エリクソンというアメリカの催眠療法家がいます。彼は小児まひの後遺症があってあまり言葉がうまく出ませんでした。だから彼は登壇する時「胸元にマイクを付けさせてください」といっていました。彼のセミナーの記録が残っていますが、肉声だけでは聞き取りにくいので字幕が付いています。

でもそういう話し方をするから皆一生懸命聞く。彼は催眠療法家なので話を聞いているうちに聞いている人はトランス状態になる。そういう話し方をするのが大事です。だから「皆さん」といわないのが大切です。

エリクソンの話をもう一つ付け加えると、「私の話が聞き取れないという人に限って後ろのほうにすわる」といっていました。不満を持っているなら、それを改善する努力をすればいいのに、「先生の話は聞こえない、聞き取りにくい」といって後ろにすわっている。我々はそういうことを人生の中でやりがちだと思います。

たくさんの人の前で話をする時に、二人の人を見つけるといいと思います。実際には、皆さんとしか話せないのですが、二人のうち一人は自分の話を決して好意的に聞こうとしない人、斜に構えて聞いている人です。そして、その日の講演の目標はその一人をうなずかせるというか、その一人が納得するように一生懸命話をする。けれど、その人だけ見て話していると勇気をくじかれるので、もう一人を見つける。それは自分に好意的でどんな話をしてもにこにこうなずく人。その人に時々目を向けると、安心して話せる。

そういうふうにして二人の人に向かってしゃべると、「皆さん」に向けての話にならない。そういうことも大事です。

組織がどんなに大きくなっても、伝える方法に工夫の余地はあります。ぜひいろいろ考えてみてください。

叱ることとほめること、そしてしつけについて

質問者　よく本などに「怒る」と「叱る」を区別しましょう。感情的に怒らなければいいと書いてあります。それは間違いなのでしょうか。またしつけについてはどう考えたらいいでしょうか。社会人にもしつけはあると思います。実際、約束の時間を

守るといった基本的なことができない社員もいます。そういう部下をどのように指導していけばいいのでしょうか。

間違いだと私は思います。そもそも怒ることと叱ることを区別することはできません。「怒っているわけではない。叱っているだけだ」という人がいますが、人間はそんなに器用ではありません。叱っている時には必ず怒りの感情を伴っていると考えて間違いないでしょう。だから叱ることと怒ることに区別はないのです。大切なのは、怒りに代わるやり方を学ぶことです。

最近はパワーハラスメントという言葉が一般的になり、以前ほど無邪気に叱る人は少なくなりました。それでも、今いわれたように、しつけには叱ることも必要と思っている人は多いと思います。

私はしつけにすら怒ること、叱ることは必要でないと考えています。もしも本当に改善を求めなければならないことがあれば、言葉でいうしかありません。それも即効性を求めてはいけない、手間暇をかけていわないといけない、緊急性を要することであったら止めないといけない。とにかく言葉を使えばよく、感情的になる必要は一切ないのです。

「ついかっとして」といいたくなるかもしれませんが、アドラーは「ついかっとして」ということを認めません。「私は普段は温厚な人間で、決して我を忘れて感情的になるはずがない」といいたいのでしょうが、違うのです。

人間には自分の置かれている状況を瞬時に判断する力があります。例えば、喫茶店でウエイターに一張羅の上着にコーヒーをこぼされて汚され、ついかっとして店中に響き渡る声で怒鳴ったとします。それは、一瞬にして「ここで感情的になったほうが自分にとって得だ。謝らせるためには怒ったほうがいい」と判断して、怒りの感情を作り出したのです。

けれど、そのように怒りの感情を作り出し、部下を叱りつけても、部下は反発するだけです。部下も自分のしていることの是非はわかっていますから、「そういう言い方をしなくてもいいだろう」と思うでしょう。部下の行動を改善するはずが、かえって部下と険悪な仲になり、部下は上司のいうことをいよいよ聞かなくなってしまうのです。だからアドラー心理学では、教育の場面では叱ることはまったく必要ではないと考えています。

具体的な話をしましょう。

十年ぐらい前、私が乗り合わせた電車の中で携帯電話のベルがけたたましく鳴り響きました。電話の主は女子大生で、緊急の用事だったのか、電話の向こうの相手と話し始めました。そうしたら目の前にすわっていた四十代くらいの男性がかっと目を見開いて、「おまえは車内で通話をしたらいけないのを知らないのか」と叫んだのです。

もしも本当に相手の行動を改善する必要があると思うのであれば、「あなたは知らないのかもしれないけれど、電車の中で通話をしたらいけないのだ」と言葉で説明すればいいのです。そこに感情の尾ヒレをつける必要はまったくないのです。

こんなこともありました。ある時、講演に向かうため、特急電車の指定席にすわっていると、同じ車両にあちらこちら転々と席を移る乗客がいたのです。様子がおかしいと思って見ていたらタイミングよく車掌さんがやってきました。

車掌さんは若い男性でしたが、すぐその乗客を見つけてこういいました。「私は特急日本海の車掌です。他のお客様は皆さん切符を買って乗っておられます。でも、あなたは切符をお持ちではありません。降りてください」。これだけです。

その乗客はお酒が入っていたようで、少しもみ合いになりかけましたが、高岡駅ですごすごと降りていきました。それを見ていた女子大生のグループが車掌さんの対応を見て「かっこいい」といっていました。そういう毅然とした対応は格好いいのです。叱る必要も、怒りの感情を使う必要もない。言葉でいえばいいのです。

子育てや教育の場面で、怒りの感情はまったくいらないと思わないといけません。怒ること自体がなければ、パワハラか、パワハラではないかと気にする必要もない。それぐらい思い切らないといけません。例えば、虐待の話を聞くでしょう。ひどい親だなと思うかもしれませんが、子どもを叱っていたら、自分も同じことをしていると思ったほうがいいでしょう。

職場で部下が感情的になっても、上司は怯まずに言葉できちんと対応できれば、そういう対応を周囲もモデルとしてまねられます。具体的には、命令形を使わないことです。「何々しなさい」はもとより、「何々してください」もよくありません。そういわれた相手はそれを拒否しにくく、感情的に反発されることがあります。

コピーを取ってほしかったら、どういえばいいでしょうか。「お願いがあります。コピーを取ってきてくれませんか」です。あるいは、「何々してくれると助かるのですが」「何々してくれると嬉しいのだけれど」もいいですね。こういう言い方をすると、相手はノーといえる余地があるので、場合によっては本当にできませんといわれるかもしれませんが、多くの場合は聞いてくれるものです。必要であればお願いするということを覚えておけば大丈夫です。

昔、関西学院大学のアメリカンフットボールチームの監督に、心理学の先生が就任しました。彼はアメフトのことをまったく知りませんでした。

彼がしたことといえば、選手のプレーに一言、声をかけるだけです。

「今のはよかった」

それだけです。それを三年続けたら、なんとライスボウルで勝って日本一のチームになりました。

「今のはよかった」は、ほめ言葉ではありません。選手のプレーそのものを評価する言葉です。もちろん彼が本当によしあしをわかっていったていたかはわかりません。でも、よかったといわれると励みにはなりますね。

今の話の流れでもう一言付け加えると、人はできないところに注目してしまいます。できないところは目立つから、これは駄目だといってしまう。だから「そんなことでは駄目だろう」ということを指摘するのは、坂道に置かれた石がコロコロと転げるぐらいたやすいことです。

若い人の行動の中で適切だった面に注目しないといけません。その時に感情を混じえずに、本当に行為そのものを評価するという意味で「今のはよかった」というのは一つの方法としてあると思います。「今のはよかった」という言葉には、「こういうふうにいってやると頑張るのではないか」という下心はないですね。

――操作性がないということですね。

ないです。プレーをするのは選手であって、監督ではありませんから。リーダーは本来、仕事を自分でできません。だから「現役で働いているほうがよかった」という人がたくさんいるのです。

学校でも管理職になりたい人は多いですが、私の妻は一切そういう希望や意識を持ちませんでした。クラスの担任をして、生徒に教えるほうが絶対に楽しい。けれど管理職になると自分で教えられなくなるからです。

リーダーとはそういうものでしょう。自分がもはや何もできないことを受け入れるのは難しいですね。だから、そういう時に操作性がどうしても働いてしまいますが、自分が何かができるわけではないということは知っておく必要があります。

——自分自身は誰かに操作されたくないので、人にもなるべくしたくないなと思っています。ただ、相手が求めているのですよね、承認してほしいと。

「ほめて、ほめて」という社員には、あなたがなぜほめてもらいたいのか、承認されたいかの理由を教えてあげましょう。

あなたがほめてほしい、承認してほしいと思うのは、リーダーが上で、あなたをそのずっと下に置いているからです。あなたは私の子分である、家来であることを私に認めてほしい。だからほめてほしいというのです。でも、私はあなたを家来にはしたくない、子分にしたくない、だからほめませんと伝えるといいでしょう。

——それは素敵な伝え方ですね。

リーダーは部下を家来にしてはいけません。役割が違うけれども、皆が同じ仕事をしているチームの一員でしかないので、家来や子分を作ってはいけない。そのことの弊害は何かというと、競争関係を生み出すことです。

アドラー心理学では、競争は人間の精神的な健康をもっとも損ねる要因であるといっています。だから会社でもどんな組織でも競争がなかったら、もっともっと生きやすくなる。

ところが、賞罰教育を受けてきた人は、会社に入ってからも上司から承認されたい。だから承認されることをめぐって、同僚同士での熾烈な競争をします。勝つ人がいるということは、負ける人がいるということです。勝った人だって安閑《あんかん》としていられません。いつ負けるかわかりませんから。

結局、そうやって勝ち負けにしてしまうと組織全体ではプラスマイナスゼロです。それでは駄目で、競争ではなく、協力に持っていかないといけない。これがほめてはいけないということの一つの理論的な根拠になります。

もっというと、できない人がいてもいい。皆が同じレベルで仕事をできるわけではないので、仕方がないと思います。若い社員がベテラン社員と同じだけの仕事ができるかというと、できないでしょう。そういう人も含めて社内にはいろいろな人がいて、皆で協力してできることをやっていくのがこの会社だというふうにリーダーはまず思わないといけません。

今の話とすぐにつながるかわかりませんが、現代社会は、生産性にのみ価値を置く社会になってしまっています。だから、会社だったら生産性を上げないといけません。ただ、社会全体を見回した時に、生産性という観点からは価値を生み出せない人はいます。例えば、障害をお持ちで生産には携われない人もいます。今は元気でも、これから年老いて何もできなくなるかもしれません。若い人でも突然、病気になって何もできなくなるかもしれません。これまでは明日という日がくることは自明だと思っていたのに、明日という日がくることすらわからなくなるぐらいの不安定な状況に陥ることは誰にでもありうるのです。そうやって仕事ができなくなり、生産性という観点からは価値がないと思われる人がこの世の中に存在してはいけないかというと、もちろんそんなことはありません。

私が非常勤である診療所に勤めていた時に、デイケアをやっていました。六十人ぐらいの統合失調症の患者さんが毎日こられていました。そこでは皆で料理を作るのです。「今日はカレーライスを作ります」と朝、宣言します。それで「一緒に買い物についてきてください」というのですが、六十人のうちの五人ぐらいしかついてきません。そうして、スタッフと五人ほどの患者さんとで手分けして、たくさんの食材を買って診療所に戻ってきます。

それから皆で料理を作ります。「手伝ってください」といっても手伝ってくれるのは十五人ぐらい。昼時までかけて料理を作り、いよいよ料理ができた時に、「さあ、これから皆でカレーライスを食べましょう」というと、診療所のどこからともなくたくさんの人が現れて、「いただきます」といって食事をする。

それでも誰もその日手伝わなかった人たちを責めません。今日は元気だったから手伝えたけれど、もしも明日元気がなくて手伝えなかったらごめんね、許してねという暗黙の了解があるからです。これは健全な社会の縮図だと思います。

会社もそうなればいいと思います。会社には経験の差、知識の差によってやはり有能な人とそうでない人がいるわけです。そこで当然競争になってしまうし、競争を助長してしまうかもしれない。けれど、今は生産性という観点からはまだ無力であるかもしれない若手の社員だって、いずれは力を発揮するのです。

現状ではまだ力がない人も、会社の中に居場所があると感じられることはとても大事なことです。これはアドラー心理学でいうところの共同体感覚の一つです。自分が会社の中に居場所があると感じられること、私がここにいてもいいと感じられること、これは人間の基本的な欲求なのです。

しかし、競争が激しい会社の場合、自分が無能であるということがもちろんいわれなくてもわかるし、上司からそのことを責められると、「もはやここには自分のいる場所がない」と思って去っていくしかない。そんなふうに退職者が多い組織はやはりリーダーに問題があると思います。

私がかつて勤めていた診療所は小さな医院でしたが、一年でスタッフが総入れ替えになりました。「ここにはいられない」と思ってスタッフはどんどん辞めていきました。

存在承認という言葉を使いますが、仕事ができる、できないとは関わりなく、我が社の一員であるということ自体に価値があり、それを私はきちんと認めているということを、リーダーは若い人に伝えないといけません。さらにいうと、可能性にまできちんと注目する。今はまだ何もできないけれど、やがて若い人は力を発揮し有能な社員になるだろうという、そういう信頼感が大事です。

今の世の中、本当に窮屈なのです。私の息子は研究職に就いています。この間、学会があって地元に帰ってきました。その時、我が家に寄ってくれたのですが、やはり毎年学会で発表しないといけないし、論文を書かないといけない。それは本当に大変なようです。それをしないと就職口が見つからないし、仮に就職していても業績がなかったらすぐに追われてしまう。

私の学生の頃は三十年間、一本も論文を書かない教授がいました。今だったら通用しないですよね。岡潔という数学者は奈良女子大の教授でしたが、一見仕事をしていないように見えました。彼が北海道大学に招かれた時、同僚がその仕事ぶりを覗き見したら、くる日もくる日も机に向かわないで、ずっとソファで横になっている。帰る間際になってやっと数学上の真理が閃《ひらめ》いたという感じです。

では彼が仕事をしないでぼんやりしている時間があった時に、まったく仕事をしていないかというとそうではありません。昔だったらすぐに何か業績を打ち出さなくてもいられた。それはそれでよかったかもしれないと思います。

けれど、今は成果を出さないとすぐ追い出される窮屈な時代になっています。その根本にあるのがやはり評価をめぐる競争関係なのだと思います。

叱らないことと、軽んじられること、他人からの評価について

質問者　大企業の管理職です。経営層まで上っていく人はやはり強くものをいえるというか、強いリーダーシップを持つ人であるように感じます。叱るというような強いコミュニケーションがとれる人が会社の中で評価されているイメージがあります。私自身は、岸見先生の本を読んで、叱る、ほめるはしないようにしています。しかし、いざ実践に移すと、叱らないことで部下になめられたり、上の人たちから頼りなく見えると評価されたりすることがあります。

強いリーダーはいりません。カリスマもいりません。上司に頼らず自分たちで動けるように援助していくリーダーのほうがいいと私は思います。部下が上司の存在を意

識しないで、自分の考えで動けるような職場を作っていかなければいけないということです。それには強力なリーダーは必要ないのです。

だから、これまでの人がどうであれ、私はそういうやり方をしないと決心するしかありません。これには勇気はいるかもしれませんが、なめられたっていいではないですか。

部下の若い人が意見をいってきた時に、それがもし間違いであれば「それは違う」ときちんと論理的にいえることが大事で、存在感のあるリーダーである必要はまったくないと思います。

——論理的にいえる人になれれば、自然と討論になった時も答えにたどり着けるのでしょうが、論理的に相手のほうが凌駕している時が……。

相手が凌駕していたら、それはそれでいいのです。相手が自分を凌駕していることがわかるのは自分が賢明だからです。だから、相手のいっていることが正しいと思ったら、それは率直に認める勇気を持つことです。大事なことは、結論を先に立てないこと。どんな話し合いの場面でも、結論が最初にあるとそれを裏づける理由が後付けとして持ち出されるだけで、結論が覆ることはありません。

だから、結論を決めるのではなく、上司と部下の役割の違いはあっても協力して結論に到達する。その時に討論が得意な人もいればそうでない人もいる。理路整然と話すのが得意な人もいれば、得意ではない人もいるかもしれない。それはその人の個性なので、自分はそういうやり方では話を進められないというならそれはそれでいいと思います。

そういう時には「誰が」ではなく、「何が」話されているかにだけ注目して話をすることです。若い人のいっていることに一理あれば、それは受け入れるぐらいの気持ちでいればいいと思います。大事なことは、この会社がうまく運営されていること、経営がうまくいくことでしょう。だから誰が負けるとか勝つとかいう話ではないのです。負けてもいいではありませんか。なめられてもいいではないですかという話です。そういうふうに自分のプライドをかなぐり捨てて会社のために動くことです。

――そういうふうにあまりほめない、叱らないというと、存在感があまりないから出世しないかもしれません。でも、そういうリーダーシップを発揮している管理職は、いずれ認めてもらえる存在になるということですか。

リーダーというのは導く人という意味ではありません。だから先頭に立ってやるみたいな勇ましいものではないと思わないといけません。そういうリーダーを認めてくれる人はきっというだろうと思います。

別に出世しなくてもいいのです。人間は働かなければ生きていけませんが、働くために生きているわけではない。息をしなければ生きていけないが、息をするために、呼吸するために生きているわけでもありません。ではなぜ働くのかといえば、幸福に生きるためです。そこを見失ってはいけないと私はいつも思います。

リーダーには、もちろん仕事をするうえで有能であることも必要ですが、「あんなふうに生きられたらいいな」というモデルにならないといけないと思います。強力なリーダーでもないし、カリスマでもないけれど、何か「あの人はすごく仕事を楽しそうにやっているな」と部下が思ったら、あの人についていこうと思うはずです。若い人はそういうリーダーについていきたいでしょう。若い人は、偉そうな人、傲慢な人、私利私欲に走る人を尊敬しないと思います。

自分自身のやる気について

質問者　やる気になれない時に困難なことが起きると、すべてを投げ捨ててしまいそうになります。また悪いくせで、気分が乗らないと問題を先送りにしてしまい、切羽詰まらないと取り組めません。そうして時間を浪費してしまうので結果を出すことができません。

やる気は待っていても出ません。

非常に冷たくいってしまうと、「やる気が出ない」ということを、課題に挑戦しないための口実にしているだけのことです。

例えば、締切が迫っていたら否が応でも仕事に取りかかるのではないでしょうか。もしも締切の迫っている仕事があって、それでも気が乗らなかったら、その時はもう仕事をしないと決めることです。例えば、締切が三日後で、着手するのは二日前だと決めてしまえば、三日前の今日は仕事のことをまったく考えないで過ごしてもいいのです。仕事をしないといけないと思いながら、しない自分を責めることのほうがよくありません。

時間を浪費してしまうといいますが、先ほどの数学の岡潔先生の例のように、何もしていないようでも時間を無駄にしているわけではないのです。例えば、朝目覚めた時や夜中、あるいは散歩している時に、思いがけずパーッといろいろな考えが浮かんできたという経験はありませんか。外から見たら何もしていないように見えても、そうではない。そういう時間も大事なのです。そう考えると、ただ時間を浪費しているわけではないと思えませんか。

私の場合、雑誌の連載の締切が迫ると切羽詰まって原稿を書くのですが、前の締切と次の締切の間の一カ月の間に、折に触れて思いついたことのメモをたくさん作っています。DraftsやScrapboxというスマートフォンでも使えるアプリがあって、そこにどんどんインプットしていきます。そこにタグが付けてあるので、締切の二日か三日前になると、それを全部打ち出して原稿を書きます。だから原稿を書いていない時間も何もしていないわけではなくて、何かしているはずなのです。

やる気を出す努力はしないといけない一方で、何もしていない時でも、何もしていないわけではないことを知っておかないといけません。


結果を出せないということについては、先ほどからいっているように、まず生産性で価値を判断しないことです。結果を出せるか出せないかはやってみないとわからないので、結果にあまりとらわれないこと。結果を出すことにこだわってしまうと、かえって結果を出せません。

三木清は、成功は量的に測れるものであり、幸福は質的なものであるといっています。また成功は過程に関わり、幸福は存在に関わるといいます。

成功は過程に関わるから、何かを成し遂げないといけない。成功は直線的な進歩に関わるという言い方もしています。

成功にとらわれてしまうと、何もしていない時間がつらくなります。けれど、幸福は存在であるというのは、何もしていなくても我々は幸福で「ある」という意味です。そういうふうに思えたら、時間を浪費しているとかやる気が出ないということにとらわれないで生きていくことができるだろうと思います。

リーダーであることへの不安について

質問者　私は跡取り息子で、先々、社長就任を予定しています。今は取締役という立場ですが、社長となれば今までに想像しないようなプレッシャーや問題が生じてくると思います。その時の自分の心の置きどころが、とても不安で心配です。また、取締役という立場で一緒に働いているいとこがいるのですが、どこか信頼できないでいます。

私は先代の社長とは違うというところから始めるしかないでしょう。自分は自分なので、同じような社長になる必要はありません。

——父が亡くなった時に、今の社員には「ワンマン社長にはなりません、カリスマ的な存在にもなりません」と宣言しました。それで離れていった社員もいます。

自分が自分の人生を生き始めたら、それに反対する人は必ず出てきます。よく思わない人もいるし、自分を嫌う人もきっといます。

『嫌われる勇気』の言葉を引きながら話をすると、自分のまわりを見回して自分を嫌う人がいるとすれば、それは自分が自由に生きていることの証しであり、自分が自由に自分の人生を生きるためにはそれぐらいのことは支払わなければならない代償だと思うしかありません。

逆にまわりの人がすべて自分を肯定的に見てくれるというか、よく見てくれると思う人がいるとしたら、その人は皆にいい顔をしているのです。だから嫌う人もいない。それは非常に不自由な生き方であるというふうに、まず思うしかない。だから、それはそれでよかったのでしょう。

同族企業は難しいですね。特に世襲は本当に難しい問題です。マルクス・アウレリウスというローマ皇帝がいます。五賢帝の最後の皇帝です。ローマ皇帝でありながら哲学者なのです。これはすごく稀有な例だと思います。彼は非常に賢い皇帝だったといわれていますが、彼は生涯一度だけ誤りを犯した。それは自分の子どもに皇位を譲ったことです。

非常に微妙な話で、一般的な話として聞いてほしいのですが、皇帝としての才能、力を子どもがそのまま受け継げるはずがありません。息子は愚帝だったので、六賢帝になりませんでした。

私の知人に三代目の社長がいて、「私は三代目だから嫌われる」といっています。いや、別に三代目だから嫌われているのではなく、その人が嫌われているのです。ただ、非常に難しいポジションにいるということはありえます。

そういう意味では、同族企業に入ったのを忘れることです。まったく知らない、縁のない企業に入って今のポジションを得たと思って勉強していかないといけません。とにかく、自分が社長としての能力を発揮しているかどうかということだけで、他者から評価されたいと思い切るしかないと思います。

——自分に社長としての能力がなければ、社長を退いてもいいと思っています。やはり会社が続くことがまず先決だと思って、そういう覚悟でやっています。高校二年生の息子には、「自分の人生だからやりたいことをやればいい。会社は継がなくていい。ただ、そういう選択肢があることだけ覚えておいてほしい」と話していますが、それでいいのでしょうか。

まず会社の存続を第一義に考えているということを表明したほうがいいかもしれません。社員には「私に社長という能力がないのであれば、もちろん改善する努力はしていきたいと思う。どこが足りないかを率直に教えてほしい」といっておくことです。息子さんに関しては、それしかないでしょう。一度外に出るのは一つの方法ではありますね。

私の高校時代、医院の後継者であるにもかかわらず、医学部に進学しなかった友人がいました。しかし大学卒業後に、医学部に入り直して医師になった。結果論ですが、一度飛び出してから親の仕事を継いだことが彼の人生にとってすごく意味があったと思います。だから、彼は患者に往診を頼まれたら夜中でもバイクで駆けつけるようなフットワークが軽い医師になりました。

子どもさんにそういう選択肢があるということ、自由であることを告げておくことはすごく意味があると思います。その上でどういう人生を歩むかは子どもさんの課題であって、親といえども決めることはできません。

――彼は小学生の時、七夕の短冊に「パパと一緒に仕事をしたい」と書いていました。今、彼は起業したいといっています。それでもいいし、結果的に家業を継いでもいい。ただ、会社を息子に継がせるために残しているわけではありません。純粋にここまで続いてきた会社を守っていきたいと思っています。

学校の先生の子どもは、学校の先生になりません。それほど激務なのですよ。私の妻も小学校の教師でしたが、現役の頃は夜の九時、十時まで当たり前のように働いていました。早期退職をして今はすごく楽しい人生を送っていますが、当時は本当につらそうでしたね。そういう親を見ている子どもは先生になりたいと思わない。願わくば、同じ仕事をしてほしいと思っても、それを強制することは少なくともできません。本当に難しいと思います。

質問に戻りますが、まず不完全であると認めることです。不完全である勇気です。

自分には不安がある、とても心配だということをもし必要があれば誰かにいえることが大事です。

――それは会社の中に？

会社の中でいえる人がいたらいいですね。リーダーは非常に孤独です。孤立してはいけないと思うので、非常に孤独なのだということをいえる仲間を見つけないといけません。極端に聞こえるかもしれませんが、それは若い社員かもしれない。本音で話ができる友人を見つけることが大事です。

私のカウンセリングに男性はあまりきません。「どうしてお前に弱音を吐かないといけないのか」と思うのでしょう。本当に我慢をするのですよ。我慢に我慢を重ねて、ある日会社に行けなくなり、うつ病などと診断されます。もっと早くに誰かに相談できていたら、うつ病にならないで済んだかもしれないケースが山ほどあります。妻にもいえない、パートナーにもいえない。だから弱音を吐ける人が必要なのです。

ひょっとしたら息子さんでもいいかもしれない。私の息子は三十三歳です。私の子育ての本には、彼の保育園時代の話がたくさん出てきます。一昨日、彼が帰ってきまして夜中まで話しました。対等な関係で話せるのです。子どもの頃から、私にははっきり物をいう。私のやっていることについてもきちんと批評といいますか、コメントをしてくれます。そういう関係に息子さんとなれるかもしれません。そういうことまで含めて話ができると、親の仕事について理解が深まるでしょう。

――私は出張族でほとんど家にいないので、子どもと話す機会が正直あまりありません。

ならば、余計にそういう時間を見つけないといけません。その時に、社長としてつらかった話をすることになるかもしれないけれど、この仕事をしていてすごくよかったという話だってできるでしょう。そういう話から息子さんは何か感じ取られることがあるかもしれません。

――実は、家で会社の話をしないようにしています。妻も、彼女自身はうちの会社で働いてもいいといっていたのですが、私が拒否しました。妻と同じ家庭、同じ職場にいると、二人が常に同じ環境にいることになります。夫婦でつらいタイミングもすべて一緒というのは何か嫌だなと思って、あえて会社に入らなくていいと妻にいいました。家でも妻に話を聞いてもらうことはあまりしません。ただ息子と話すのはまた違うのかなという気はしました。

違うかもしれないですね。「お父さんは仕事の話を家でしないし、ひょっとしたらすごく大変な仕事をしているのかな」と思っていて、それで「継がないぞ」と決心しているかもしれませんが、「この仕事をしてすごく嬉しいんだ」と仕事をすることで貢献感を持てるという話をすれば、親や親の仕事についての見方も変わるかもしれません。

私は家で仕事の話をしてもいいのではないかと思います。私はよく小学校の先生をしていた妻の話を聞いていました。だから学校の内情をよく知っていました。そうやって職場の話を聞くことはまったく嫌ではありませんでした。カウンセラーとして聞いているわけではないけれど、やはり家族の一員だから、自分がつらい時に、それをいえる相手がいるのはすごくありがたいはずだと思いました。私は今、定年退職した妻と朝から晩まで顔を突き合わせていますが、まったく苦痛ではありません。

——妻も先生の本を読んでいて、彼女は家庭でも職場でも「課題の分離」をしています。

よく誤解されるのですが、課題を分けることが課題の分離の最終目標ではありません。最終的には協力することが目標です。協力するためには誰の課題かわからないと協力することができません。だからそれぞれの課題が誰のものかを明らかにします。それが課題の分離です。

親子の話でいうと、勉強する、しないは子どもの課題だという話をしました。だから親が子どもの勉強に口出しをする必要はありません。子どもがどんな仕事に就くか、これも子どもの課題だから親は何もいわなくていい。ただ、だからといって親が子どもの課題にまったく口出しをしてはいけないわけではないのです。

例えば、勉強しない子どもがいた時に課題を分離して、これは子どもの課題だからといってまったく何も口出ししない。私個人は、これが最善のやり方だと思いますが、どうしても気になる人もいるでしょう。ならば、手続きを踏んで口出しすればいいのです。

「最近のあなたの様子を見ていると、あまり勉強されているようには見えませんが、そのことについて一度話し合いをさせていただきたいのですが、いいでしょうか」というのです。大体の子どもは「嫌だね」といいます。それに対して、「あなたが思っているほど楽観できる状況だと私は思わないけれど、いつでも力になるから必要な時には声をかけてくださいね」といっておく。それで子どもが何もいってこなかったら終わりです。でも、子どもが何か援助を求めてきたならば、できる援助をすることです。

仮に今は、会社のことは自分の課題で妻には関係ないと思っておられたとしても、もちろんいい関係を築けると思います。正直、愚痴を聞かされるのはしんどいことがあります。その意味では、課題をきちんと分けることは大事です。

でも先ほどいいましたが、男性がカウンセリングにこられることは非常に少ない。弱音を吐いてはいけないとか、「会社のことは私の課題だから。妻に心配をかけたらいけない」と思って、本当はいったほうがいいこともいわないでいるとしたら、しんどいだろうなと思います。

だから「時々は愚痴ではないけれど、話を聞いてね」と、妻にいっておくといいでしょう。別に断っておく必要はないのですが、そういうふうに思ってもらっておいたほうが楽かもしれません。

――一応、妻には社長になるにあたって不安感があるとはいってあります。「何が不安なの？」といわれてしまいますが。

「何が不安なの？」といわれてしまうと、少し困りますよね。

人から話を聞く時のコツというかポイントは、決して批判しない、最後まで話を聞く。これに徹しないと話をしてもらえません。特に年長者が若い人と話をする時にやりがちなのは、「そんなことはいいから」と途中で話を遮ること。しかも頼まれてもいないのに説教をする。そういうことが一度でもあると、「もうあの人に話をしないでおこう」と思ってしまいます。

この人は絶対に私の話を遮らないとか、批判しないというふうに思ってもらえたら、多くの人が心を開いてくれます。親子関係、夫婦関係であればなおさら大切にしたい点です。話を聞く立場にある時は、あまり口を挟まないほうがいいかもしれません。

「あなたはそういうふうに考えているのですね」くらいなら、オーケーかもしれません。話す内容に対して、ことさらにコメントしない。コメントをする時は「私の意見をいってもいいですか」と確認することです。

そうたずねて「話をしてもいい、コメントをしてもいい」と同意が得られたら、「これは私の意見ですが」と自分の意見であることを表明した上で話す。そういう具合に、話し合いができるといいかもしれません。

私の友人のカウンセラーがある時、うつ病になりました。彼は有能なカウンセラーなので、他の人のカウンセリングも受けようとしませんでしたが、本当につらくなってとうとうカウンセリングを受けることにしました。彼はカウンセラーに「決して助言をしないでくれ。とにかく今日は話を聞くだけにしてくれ」という条件をつけました。それでも、自分の話を聞いてくれる人がいるのといないのとではやはり違います。

仕事の面だけではなく、不完全である自分を受け入れる勇気を持たれたほうがいいでしょう。そういう人のほうが、リーダーとしてついていこうという気になりませんか。自分が不完全であることを率直に認められるようなリーダーのほうがおそらく人はついてきます。だから、皆で頑張ろうというのがいいと思います。あの頼りにならないリーダーを盛り上げようではありませんが、皆で協力して事態を打開していくためには、リーダーのほうから助けを求めるほうがむしろいいかもしれません。

まわりに有能な人がいると比べてしまうということがよくあります。すると、劣等感を持ってしまいます。

劣等感を持つ必要はありません。私は私、あの人はあの人だというふうに分けて考えることが大事です。劣等感が遠因となって今は仕事がしづらいのでしょうか。劣等感を口実にしている可能性があります。劣等コンプレックスです。劣等感があるので、リーダーの仕事ができないというふうになってしまっているかもしれない。だから人と比べないというのは本当に大事なことです。

人は、他者からどう思われるかということを気にしてしまいます。だから、そういうふうに思わないで生きていけるということは大事なことです。他者からの評価は怖い。怖いというか、他者から評価されることを求めますし、しかもよく評価されないと怖いのです。

私は自分が書いた原稿を送る前に、妻がいる時は一度読んでもらっています。「これは面白い」とゴーサインが出たら送ります。人間というのは本当に弱くて、誰かに承認されないと駄目だと思ってしまう。そういうのをなしにして、誰からの評価にも左右されずに自分を受け入れることを自己受容といいます。それができると質問にあるようなことは気にならなくなるかもしれません。

――承認欲求と自己受容とは違うのですか。

承認欲求というのは、子どもが「ほめて、ほめて」といってくるようなものです。自分で描いた絵がいいなと思ったらそれで完結しているはずなのに、誰かに絵を見せて、これ「いいね!」といってほしい。

子どもをそういうふうにしてはいけませんし、そんな自分になってもいけません。自己受容には他者からの承認はいりません。

――昔読んだ哲学書に、定年退職して山に入り、一人で好きな陶芸を始めたけれど、やはり誰かにほめてもらいたいと思うものだ、といったことが書いてありました。そういう他者からの承認を否定しすぎるのもどうなのかなと思います。

でも、古来芸術家たちは自分の作品が認められようと認められまいと作りたいものは作ったのです。ゴッホもゴーギャンもそうでしょう。生前は誰からも認められていなかった。それで彼らが絵を描くのをやめたかというとやめていません。

私はリルケの話をよくするのですが、カプスという若い詩人が自作の詩をリルケに送りました。リルケに認めてほしい。あわよくばそれを出版社に紹介してもらって詩集を出すまでこぎ着けたいという思わくがありました。

リルケは彼を突き放します。「こういうことはもうおよしなさい。夜中に自分に問いなさい。私は詩を書かないわけにいかないのか、書かずにはいられないのか」といいます。

書かないといけないのか、書かずにはいられないのかという問いを自分にして、書かずにはいられない、イエスという肯定の答えが出るのであれば詩を書きなさいと。それぐらいの覚悟がいる。人間は弱いといえば弱いのですが、そういうものだと思ってしまうと変われません。かといって、人の意見に耳を傾けないでいるというわけではないです。それはまたまったく別の問題です。

人から評価されないと自分のやっていることに価値がないと思ってしまうのは、賞罰教育の弊害です。叱られて育った人は叱られないように、ほめられて育った人はほめられるために自分の行動を決めます。

アドラーは、こうもいっています。人間の精神生活の中で「認められようとする努力が優勢となるや否や、精神生活の緊張が高まる」。それはそうですよね。よく思われたいと思うと緊張が高まります。評価されたい、満足してほしいのです。

今日の私も「いい講演会だった」と思ってほしいのです。そう思うと緊張する。けれど、そういうことを思わないで話すべきことを話さないといけない。認められたいという努力から緊張が増し、さらに行動の自由が著しく制限されます。

今はSNSが盛んです。「いいね！」がほしいために「いいね！」がもらえるようなメッセージを書く人がいます。ツイッターなどを見ていると、何万という「いいね！」がつくメッセージがありますが、あれは嘘ではないかと思うことがあります。嘘とまではいわないけれど、これは受けそうだと思って書いているのが透けて見える投稿があります。そんなのはつまらないでしょう。だから「いいね！」なんてつかなくてもいいのです。もっというと、ツイッターに書かずに、自分の日記に書けばいいのです。

それでも、「いいね！」がほしくてツイッターを書く。それぐらい人間は弱いのだと思います。

エネルギーのない部下について

質問者　部下を見ていると、エネルギーを持っている人と持っていない人がいます。エネルギーを持っている人は、こちらから働きかければ、反応が返ってくるので、そこからいろいろなことが積み上げられるし、修正も利きます。一方、エネルギーがなく、反応のない人は正直、お手上げです。エネルギーのない部下にどう対応したらいいのでしょうか。

エネルギーがあまりない人からエネルギーを引き出すのはかなり難しいことです。私たちが、その人にエネルギーを与えることはできないので、その人自身がエネルギーを出してみよう、頑張ろうと思うようになるような援助しかできません。まわりの人ができることはあまりないのです。

だからエネルギーがない人は待つしかない。どれくらい待つかというと、かなり長く待たないといけません。

私が関わったケースで、引きこもりの青年がいました。彼は中学生の時から十年間、家に閉じこもっていました。親は当然ながら心配しますよね。不登校どころか引きこもり状態で、いつになったら仕事をするのだろうと、親が毎週のように私のところに相談にこられていました。

不登校、引きこもりは子どもの課題であって、親の課題ではありません。それがまず一つ。それから子どもを学校にやらせよう、あるいは学校に行くだけのエネルギーを子どもから引き出そうとしても、親にできることはまったくないというのがもう一つ、そういう話を毎回しました。

それでもカウンセリングに通ってこられるので、お母さんに「仕事をされていますか」とたずねたところ、仕事はしていなくて、家にずっといるといいます。嵩《かさ》高い息子と四六時中顔を合わせるのはつらいですよね。「何か趣味はありますか」と聞くと、太極拳が趣味だというので、「お母さん、それをやりましょうよ」と勧めました。

それまでカウンセリングの最中に、息子さんからひっきりなしに電話がかかってきていました。「電源を切っておきましょうよ」と提案すると、「いやいや、私が電話に出なかったら息子は死んでしまうかもしれません」という。「お母さんが電話に出ないからといって、息子さんが命を絶たれることはないですから」と話しても、「万が一のことがあったら誰が責任を取るのですか」とすごまれました。それでも何度か話すうち、ようやく携帯電話の電源を切るようになりました。それはお母さんにとってとても大きな前進になりました。

やがてその方は太極拳に真剣に取り組み、ついには中国の山奥まで師匠を求めて修行に励むまでになりました。電話も通じない場所です。それからお母さんはカウンセリングにこられなくなりました。

今度はお父さんがこられました。会社の社長さんです。お父さんもせっせせっせと通ってこられる。「お父さん、今は不況の時代だから、社長が毎回二時間半もかけてここにきていたら駄目でしょう」といいましたが、なかなか諦められませんでした。それでも説得のかいがあって、ある日「本当に今忙しいから、しばらく行けません」という電話がありました。

お母さんがこられなくなって、お父さんもこられなくなって、それから二年たって本人がカウンセリングにやってきました。あまりに驚いて「今日は何をしにこられたのですか」とたずねると、非常に心優しく純真な彼はこういいました。

「最近お父さんもお母さんも冷たいのです。前は精神科の先生のところに行ったり、カウンセリングを受けたり、不登校の親の会に行ったりして、私のために一生懸命動いてくれていた。でも最近、お母さんは中国に行って帰ってこないし、お父さんは仕事が忙しいといって週に何回かは帰ってこない。今日はこれからどう生きていったらいいかを先生に相談したいと思ってきたのです」と。

親がこられなくなって彼がくるのに二年かかりました。逆説的に聞こえるかもしれませんが、働きかけをやめることです。

信頼という話をしましたが、この人は、私が直接何かの力になれなくても、すぐではないかもしれないけれど、やがて自分の課題を、自分で解決する力があると思って見守るしかありません。見守るというのは、放任とは違います。必要があればいつでも関われる状態で、あえて手出し口出しをしない。そういう関係を保ったまま少し離れて見るということです。

――そういわれて、周囲を見回すと、関わりすぎる人が多い気がします。エネルギーのある優秀な社員がいると、周囲にいるエネルギーのない社員はとかく力を見せないというか、それでいいと思い込んでしまう節があります。こちらの関わり方を変えないと、本人は変わらないのでしょうか。まわりが腫れ物に触るような感じになってもよくないと思うのですが。

腫れ物に触るように自分を扱ってほしいと思っている人は多いです。それが、先ほど説明した劣等コンプレックスの一つです。だからまわりの人が不用意にいじれない、触れない。

もちろん、そういうエネルギーがない人が病気だというわけではありません。つい何かいいたくなるような、まわりから見たらちょっと怠けているのではないかと思うような状況にあっても、「これは病気だ」といわれたら口出しできないでしょう。そういうポジションに自分の身を置いて、非常に屈折したやり方で職場に、会社に、自分の居場所を求めようとする。無用な人間として、あるいは腫れ物に触らないといけないような人として、非常に屈折したやり方で共同体の組織の中に自分の居場所を求めようとしている人がいます。

こういう人は、勇気を欠いているのです。課題に直面する勇気を十分持てていないのです。

では、どう援助できるかというと、その人の存在を認めるところから始めるしかありません。

今は十分仕事ができていないし、これではもちろん駄目だけれども、とにもかくにも出社してきたら、それに対しては「ありがとう」というような言葉をかけていくことから始めるしかありません。ハードルの低いところから始めることです。

何も働きかけない、「働きかけない働きかけ」のようなものが必要になってくることもあるかもしれません。時間はかかります。でもそれぐらい勇気がくじかれているのです。それはそういう人たち自身の責任でもありますが、社会の責任でもあります。

アドラーはこういうことをいっています。自分が貢献していると思える時に自分に価値があると思い当たる。その貢献を行動ではなく、存在に求めるのだと。そのことを少なくとも上司や親が知っておかないといけません。

若い社員を見て、「この点は改善しないといけない」と思ったとします。その問題点を何とかしようと思っても、ほとんどやれることはありません。なぜかというと問題は物ではないからです。アドラーは「実態ではない」という言い方をします。では、どうしたらいいかというと光を当てるしかない。光というのは、いわば闇という例えでいいと思いますが、闇のような問題は光を当てることで消えるからです。

先ほど、同じ行為の適切な面に注目するという言い方をしましたが、さらにいえば、その人の存在、生きていることに注目し、「何もできなくても」ということすらいう必要はなくて、あなたが生きていることが他者に貢献しているのだという意味の言葉を伝える、それが光を与えることです。そうすれば闇は消えてしまいます。

ただ、会社という場面ではやはり結果を出さないといけないし、そういう社員を抱えているわけにいかないという現実的な問題はあるかもしれません。けれど、エネルギーがない社員に力を出してほしいのであれば、まずリーダーはそこまで引き下がるというか、そこまで立ち戻って見ていかないといけない。そういう働きかけや接し方をされたことがない人もいるのです。

厳しい競争社会の中で「自分なんて駄目な人間だ」と思い込んでいる人に、誰かが手を差し伸べないといけない。それは何らかの縁で関わりを持つことになったリーダーの仕事だと思います。その人は社員としては力が足りないかもしれませんが、人間として自分は価値がないという思い込みから脱却できると思います。

――メンバーに期待をかけて、期待した分だけ成果を出してくれないと、「どうしてできないのか」と、つい感情的になってしまいます。

上司が部下に期待をしてもそれを満たしてくれなかった時にがっかりするというか、そういう社員を受け入れたくないと思うことはあるでしょう。これは非常に悔しいかもしれませんが、自分の指導が足りないのではないかと思わないと、上司の期待を満たせない部下は伸びないだろうと思います。

最初から期待値を高くしてしまうと、部下もしんどいかもしれない。だから、前と比べたらこれだけできるようになったとか、そう思えるような働きかけをしていくことでしょう。理想と現実の乖離のことをアドラーは劣等感といいます。だから、リーダーは期待値を下げていくしかない。ただ、それでいいわけではもちろんないので、働きかけることで少しずつ水準を高めていくことが必要だと思います。

――ただ、会社の場合、どちらかというと、個人よりチーム性を重視するところがあります。おかしな話ですが、実績がなくてもチームに協調性で貢献している、といった感じで評価することもないわけではありません。

有能だけれども協調性がない、無能だけれど協調性があるという二人の部下がいたとして、皆さんはどちらを取るかという話です。

有能なほうを選びませんか。協調性があるとかないとかは後から付いてくるわけで、まず仕事ができるということが最優先課題です。

だから前者を取るしかないと私は思います。

協調性を強調するのは、皆で脚を引っ張り合うみたいなところがなきにしもあらず、だからです。チームで頑張るのはもちろん大事だと思いますが、本当にチームプレーになっているかというと、難しい。上司と部下は、オーケストラの指揮者と演奏者の関係なのです。指揮者は自分で音を出せません。これは当たり前のことかもしれませんが、よく考えたら不思議です。あの人はなぜいるのか。

私は学生の時、オーケストラに入っていたのでよくわかりますが、指揮者が替わるとまったく音楽が変わります。楽団員が替わっても変わりませんが、指揮者が替わると音楽が全然違う。練習の時と違い、公演などの本番ではプロの指揮者が振ってくれるのですが、そうすると音楽が明らかに違ってきます。演奏をする側は同じなのに、指揮者によってまったく違う音楽になってしまうのです。

昔、北京交響楽団がブラームスの第一交響曲を演奏するのをテレビで観たことがありました。あまり上手な楽団ではないと思っていましたが、小澤征爾が指揮をしたら見事に変わりました。だから、指揮者は非常に大事な役割を担っているのです。しかしながら、指揮者は自分では音を出せない。上司と部下の関係は、それと同じです。

最終的に皆が協力し合って、協調して音楽を作っていかないといけません。リーダーにも指揮者にもそれぞれ役割があります。「すごくいい演奏だった」という評価をされた時に、指揮者が「このいい音楽を作り上げたのは私の業績だ」といったらおかしい。皆で作り上げた業績でしょう。

そういうふうに思えるような職場であるとずいぶん違ってくるでしょう。それぞれがそれぞれの役割を果たすことで、皆で業績を打ち立てる。「これは私たちの仕事だ」といえる職場は、本当にいい職場だと思います。もっというと、そういう共同体の中では、仕事に満足感があり、その時に誰かの手柄であるということすら問題にならなくなるのだろうと思います。こういうのは理想論と思われるかもしれませんが、本当にそうなのです。

――コーチングの本を読むと、承認が非常に大切だと書いてあります。

人間はすごく弱いので、誰かに認めてもらえないと自分の価値を認められなくなってしまう。もちろん誰かから適切な評価をされたら嬉しいわけで、それまで否定はしません。けれども、誰が何といおうとそういうこととは関係なしに、自分がやり遂げた仕事に価値があると思えることが大事です。それをアドラーは「自立」という言葉で話しています。

今のスポーツ選手にも自立できていない人が多いですね。コーチがパワハラとしか思えない指導をしています。それを誰も止めないのは、残念ながらというか、幸か不幸かというか、いい成績を出せるからです。するとまわりも止めないし、指導を受けている選手たちもやめてくれといえない。そういう選手たちは、自立しているとはいえません。

結果を出すことで自分に価値がある、あるいは自分に価値があると思えるのはそういうふうな評価、あるいはいい成績を残すことだと思っているから、コーチの指導を甘んじて受けていると考えます。自立していないので、とにかく結果さえ出せばいいというふうに思ってしまう。

これは職場でもそうですよ。結果さえ出せばいいかというとそうではない。結果の出し方という問題だと思います。結果を出さなければ承認してもらえないかもしれませんが、結果あるいは評価に関係なしに他者に貢献できるということがきっとあると思います。

ボクシングの村田諒太選手と対談をしたことがあります。彼は、私が書いた本を繰り返し読んでいました。それでも、「自分がリングで戦えるのは多くの人のおかげ。みんなのために戦う」といいました。

私は「いや、それは間違っているわけではないが、あなたがリングで対戦している時は観客のこと、スポンサーのこと、テレビで観戦している人のことはまったく考えなくていい。しかも結果も関係ない。あなたがリングで勇敢に戦っている姿を見て、子どもたちは夢を持ち、大人は希望を与えられる、それがあなたの貢献になる。だから結果は関係ない」といいました。彼はその後、いい成績を収めています。それぐらい我々の人生の中で承認欲求というものがマイナスの波及効果をもたらしていると思います。

さて、今日の対話会もそろそろ終わります。

今日の話の中で納得できないことがあっていいと思います。「すごくよくわかった」とか、「あれは私が前から実践してきたことだ」といわれる方が本当はわかっていないことがとても多いのです。「よくわからなかった」という疑問を持ちながらしばらく生き続けて、またこんな機会があったら、また顔を見せてください。「あれからいろいろ考えたけれど、やはりわからなかった」でもいいと思います。

人生で答えが出ないことはいくらでもあります。でも我々は、承認欲求もそうですが、答えが出ないと気がすまないのです。自動販売機にお金を入れたらガシャンとジュースが出てくるような形での答えが出ない問いというのは、世の中にたくさんあります。それを知っておかないといけません。

今日、皆さんと一緒に考えてきた問題も、すべてそんなに簡単には答えが出ません。ただ、答えの方向性が少し見えたと思ってくださるとありがたい。これからも皆さんがそれぞれの職場で、もう一度考え直すということしかないでしょう。

私は、いつも講演会などの最後にいうのですが、こうやってお目にかかれたことは奇跡的なことです。私が十三年前に心筋梗塞で死んでいたら、会えませんでしたし、皆さん一人ひとりの人生も少しでも違っていたら今日ここで会うことはなかったのです。今日たまたまここにこられていない人がこられていたらまた違った話をしたかもしれません。それぐらい対人関係というのは深いもので、出会いも当たり前ではない。

だから今日家族と会う、明日社員と会うことは決して当たり前ではありません。こうやって会えてよかったなと思えるところからすべてが始まります。そういうふうにまず皆さんが思ってくださると、職場は少しどころか、ずいぶん変わってくると思います。「ありがとう」と取りあえずいってください、顔は引きつっても。それぐらいパワフルな言葉ですし、アドラー心理学はすごくパワフルな心理学だと思います。

今日は皆さんとお目にかかれたことで、かなり具体的な話、突っ込んだ話ができました。参考になればありがたいです。

おわりに

さて、一読してどう思われたでしょうか。「言うは易く行うは難し」でしょうか。本当は、私が提案したことを実行するのはさほど難しいことではありません。ただし、実行することに抵抗する人はいます。「頭ではわかるのだけれど……」。まず、頭でわかってください。その上で、できるところから少しずつ始めてください。新しいことに挑戦する姿勢を若い人に見せることは大切なことだと思います。

ある時、「ありがとう」といおうという話を企業研修でしました。驚いたことに、研修後、まず上司が若い人たちに「ありがとう」といいました。すると、その日研修に参加した人同士が互いに「ありがとう」と言い始めました。

多くの職場の変革は若い人から起こりますが、リーダーが率先してこれまでとは違うことを始めると、職場はたちまち変わります。

ところが、自分がリーダーになった途端に守りに入ってしまい、変化を恐れてしまう人がいます。これまで通りのやり方を踏襲するほうが安全だと判断するからです。

たしかに、安全ではないかもしれないことを始めるのには勇気がいりますが、アドラーの言葉を使うならば「勇気は伝染する」のです。

アドラーが伝染するといっているのは勇気だけではありません。「臆病も伝染する」といっているのです。自己保身に走り、自分のことにしか関心がない人、部下を利用し、必要があれば部下に責任を転嫁するような上司は、偉ぶっていても、実のところ臆病な人です。人が臆病になるのは、坂道に置かれた石が転がるように簡単なことです。

今、自分の目前の課題から理由を持ち出して逃げようとしていることを意識するだけでも人生は変わります。

このような仕方であっても、変わる決心をするためには勇気が必要ですが、リーダーの勇気は部下に伝染し、職場を変えるきっかけになります。リーダーは勇者のモデルなのです。

私は本文中にも、リーダーはモデルでなければならないと書いたのですが、実のところ、部下はリーダーという「人」ではなく、リーダーが語ることや行いから学ばなければならないのです。これがリーダーは教育者であるということの意味です。

教育の目標は「自立」です。そうだとすれば、部下がいつまでもリーダーに依存しているようであってはいけないのです。そのためにも、リーダーが自分がカリスマや天才であることを誇るのは間違いなのです。自分ではなく、自分がリーダーとして働いている組織に関心があるのであれば、他の人がいつでも自分の仕事を引き継げるように努めているはずです。

このようなことをリーダーが心がけていれば、部下はリーダーに指導されているということを意識しなくなります。従来通用していた常識が通用しないという現実から始め、それを一旦壊した上で、リーダーが前面に出てこない組織を作ることが重要なのです。

本書が成るにあたっては、連載時から議論を重ね、原稿を丹念に読んでくださった「日経トップリーダー」の北方雅人さん、荻島央江さんのお世話になりました。ありがとうございました。

二〇二〇年五月

岸見一郎

岸見一郎（きしみ・いちろう）
1956年、京都生まれ。哲学者。京都大学大学院文学研究科博士課程満期退学（西洋哲学史専攻）。著書に『嫌われる勇気』『幸せになる勇気』（古賀史健と共著、ダイヤモンド社）、『生きづらさからの脱却』（筑摩書房）、『幸福の哲学』『人生は苦である、でも死んではいけない』（講談社）、『今ここを生きる勇気』（NHK出版）、『老後に備えない生き方』（KADOKAWA）。訳書に、アルフレッド・アドラー『個人心理学講義』『人生の意味の心理学』（アルテ）、プラトン『ティマイオス／クリティアス』（白澤社）など多数。

ほめるのをやめよう
——リーダーシップの誤解

2020年07月29日　初版第1刷発行
2020年08月19日　初版第2刷発行

著者　岸見一郎
発行者　伊藤暢人
発行　日経BP
発売　日経BPマーケティング
〒105-8308　東京都港区虎ノ門4-3-12

装丁・本文デザイン
三森健太（JUNGLE）
本文DTP　クニメディア
校閲　円水社
編集　荻島央江　小野田鶴

印刷・製本　大日本印刷

ISBN978-4-296-10698-1